mes petits gâteaux

biscotti petits-beurre croquants sablés beignets lunettes à la confiture tartelettes brownies croustillants diamants fondants mendiants pains d'épice barquettes à la confiture cupcakes moelleux muffins amaretti cannelés macarons madeleines scones spéculos financiers biscotti petits-beurre croquants sablés beignets lunettes à la confiture tartelettes brownies croustillants diamants fondants mendiants pains d'épice barquettes à la confiture cupcakes moelleux muffins amaretti cannelés macarons madeleines scones spéculos financiers biscotti petits-beurre croquants sablés beignets lunettes à la confiture tartelettes brownies croustillants diamants fondants mendiants pains d'épice barquettes à la confiture cupcakes moelleux muffins amaretti cannelés macarons madeleines scones spéculos financiers

BÉRENGÈRE ABRAHAM

mes petits gâteaux

PHOTOGRAPHIES MARIE-JOSÉ JARRY

SOLAR
EDITIONS

biscotti petits-beurre croquants sablés beignets lunettes à la confiture tartelettes brownies croustillants diamants fondants mendiants pains d'épice barquettes à la confiture cupcakes moelleux muffins amaretti cannelés macarons madeleines scones spéculos financiers biscotti petits-beurre croquants sablés beignets lunettes à la confiture tartelettes brownies croustillants diamants fondants mendiants pains d'épice barquettes à la confiture cupcakes moelleux muffins amaretti cannelés macarons madeleines scones spéculos financiers biscotti petits-beurre croquants sablés beignets lunettes à la confiture tartelettes brownies croustillants diamants fondants mendiants pains d'épice barquettes à la confiture cupcakes moelleux muffins amaretti cannelés macarons madeleines scones spéculos financiers

sommaire

introduction

Chez moi, à l'automne, nous mangions du gâteau de pommes pourries. Nous allions ramasser les pommes « véreuses » tombées de l'arbre et nous les épluchions pour garder ce qui en était mangeable. Le thé fumait dans des bols chinois et la pâte formait un ruban lorsqu'on la préparait le matin même. L'été, nous mangions plutôt des croquets aux amandes, préparés avec beaucoup de patience par Marie. Il y avait aussi toute une ribambelle de petits biscuits pour le goûter, mais c'était ceux-ci précisément, dans leur boîte en fer, que nous préférions. Ils étaient longs, élégants, et se brisaient avec difficulté sous nos dents. À toutes les saisons, il y avait sur la table du petit-déjeuner une brioche aux pralines roses. Une brioche fraîche, achetée chez le pâtissier, pour une gentille attention et un réveil plus doux. J'aimais quand cette brioche se transformait en briochettes individuelles, rondes et dorées, que je pouvais rompre avec mes mains pour en sentir le moelleux.

Les petits biscuits trouvent leur place à toutes les tables et pour toutes les occasions. Chaque région, chaque pays possède ses coutumes en la matière, des Américains, avec leurs *cupcakes* colorés et moelleux à souhait, jusqu'aux Bretons, avec leurs galettes, leurs sablés et leurs kouign-amann, inévitablement remplis d'une quantité parfois inappropriée de beurre, salé de préférence. Au moment des fêtes de fin d'année, c'est en Alsace qu'ils sont à l'honneur, même si les Provençaux concourent également, avec leurs onze desserts de Noël. Étoiles, lunes, cœurs, biscuits aux épices, à la cannelle, aux agrumes, glacés ou non, se disputent la vedette autour du sapin. Au Royaume-Uni, divers *shortbreads*, scones ou *digestive biscuits* se retrouvent pour le *tea time*, alors qu'en Italie ce sont les *canistrelli*, les *ricciarelli*, les *cantucci* ou les *zaeti* que préparent les femmes pour accompagner le café.

Trempé dans du thé, glissé dans une poche à la sauvette ou conservé dans une boîte hermétique, chaque biscuit a son usage.

C'est aussi le matin, pour accompagner brunchs tardifs ou égayer petits-déjeuners maussades, que l'on propose sur la table pancakes aux myrtilles, madeleines, financiers ou muffins divers et variés.

Enfin, en guise de dessert ou de mignardises, petits biscuits aux fruits, minitourtes, minicakes et autres petits biscuits moelleux et sucrés trouveront une place de choix.

Aujourd'hui chez moi, pour le goûter, on mange des petites tartelettes épicées accompagnées d'un crémeux *lemon curd* et de framboises acidulées ; et chez vous, que mange-t-on ?

biscotti
à la fraise

Préparation : 10 min
Cuisson : 30 min

Pour une trentaine de biscotti : 140 g de sucre en poudre • 2 œufs • 1 gousse de vanille • 240 g de farine • 1 cuil. à café de levure • 1 pincée de sel • 100 g de fraises séchées

Préchauffez le four à 180 °C (th. 6). Dans un saladier, battez les œufs et le sucre énergiquement jusqu'à ce que le mélange blanchisse. Fendez la gousse de vanille en deux dans le sens de la longueur, grattez l'intérieur pour récupérer les graines et ajoutez-les dans le mélange précédent.

Dans un autre saladier, mélangez la farine, la levure et le sel. Ajoutez la préparation à la vanille et mélangez énergiquement jusqu'à ce que l'ensemble soit bien homogène. Coupez les fraises en petits morceaux, ajoutez-les à la pâte et mélangez à nouveau.

Formez deux boudins avec la pâte et posez-les sur une plaque recouverte de papier sulfurisé. Enfournez et laissez cuire 20 minutes.

Sortez les boudins de pâte du four, découpez-les en tranches épaisses et disposez ces dernières à plat sur le papier sulfurisé. Enfournez de nouveau et prolongez la cuisson de 10 minutes, en retournant les biscotti à mi-cuisson de façon qu'ils soient dorés des deux côtés.

À la sortie du four, laissez les biscuits refroidir sur une grille.

biscotti au miel
et aux amandes

Préparation : 15 min
Cuisson : 45 min

Pour une trentaine de biscotti : 200 g de farine • 75 g de sucre en poudre • 75 g de poudre d'amandes • ½ cuil. à café de levure • ½ cuil. à café de bicarbonate de sodium • ½ cuil. à café de cannelle en poudre • 100 g d'amandes entières non blanchies • 100 g de miel • 8 cl d'eau

Préchauffez le four à 180 °C (th. 6). Dans un saladier, mélangez la farine, le sucre, la poudre d'amandes, la levure, le bicarbonate, la cannelle et les amandes entières. Ajoutez le miel et l'eau, et mélangez à l'aide d'une spatule jusqu'à ce que la pâte soit homogène et résistante.

Formez deux boudins de pâte et disposez-les sur la plaque du four recouverte de papier sulfurisé. Enfournez et laissez cuire pendant 30 minutes.

Sortez les boudins de pâte du four, découpez-les en tranches épaisses et disposez ces dernières à plat sur le papier sulfurisé. Enfournez de nouveau et prolongez la cuisson de 15 minutes, en retournant les biscotti à mi-cuisson. Ils doivent être bien secs et bien dorés.

Afin de trancher les biscotti plus facilement, faites des entailles en début de cuisson sur les boudins de pâte.

biscuits au miel

Préparation : 10 min
Cuisson : 10 min

Pour une vingtaine de biscuits : 260 g de farine •
1 cuil. à soupe de sucre glace • 1 pincée de sel •
1 cuil. à soupe de cannelle en poudre • 100 g de miel
• 5 cl d'huile d'olive • 2 œufs • sucre cristallisé

Préchauffez le four à 180 °C (th. 6). Dans un saladier, mélangez la farine, le sucre glace, le sel et la cannelle. Ajoutez le miel et l'huile d'olive, et remuez énergiquement pour obtenir une pâte un peu gluante mais homogène.

Battez les œufs et incorporez-les à la préparation précédente. Si la pâte est trop collante, et donc difficile à travailler, ajoutez 20 g de farine.

Formez des petites boules de pâte à l'aide de deux cuillères à café et roulez-les dans le sucre cristallisé. Disposez-les sur la plaque du four recouverte de papier sulfurisé et écrasez-les avec le dos d'une cuillère. Enfournez les biscuits et laissez-les cuire environ 10 minutes ; les bords doivent être bien dorés.

N'hésitez pas à utiliser différentes sortes de miel pour donner des goûts différents à vos biscuits : du miel de châtaignier pour un goût corsé et quelque peu amer, du miel de lavande pour un goût plus fleuri…

biscuits ronds à la bergamote

Préparation : 15 min
Cuisson : 10 min

Pour une trentaine de biscuits : 100 g de sucre en poudre • 2 œufs • 125 g de beurre • 1 cuil. à café d'essence de bergamote • 200 g de farine • 1 sachet de levure

Préchauffez le four à 200 °C (th. 6-7). Dans un saladier, fouettez le sucre et les œufs jusqu'à ce que le mélange blanchisse.

Faites fondre le beurre et laissez-le cuire sur feu doux jusqu'à ce qu'il prenne une jolie teinte noisette. Ajoutez-le ainsi que l'extrait de bergamote à la préparation précédente, et mélangez. Incorporez la farine et la levure, et mélangez encore une fois pour obtenir une pâte homogène.

Dressez des petits tas de pâte sur la plaque du four recouverte de papier sulfurisé, enfournez et laissez cuire pendant 10 minutes.

La bergamote est un agrume qui se fait rare dans nos assiettes. Nous pouvons cependant l'utiliser sous forme d'essence, comme ici. Attention à ne pas en mettre trop, car elle est très concentrée : le biscuit deviendrait amer.

bergamote

biscuits à l'huile d'olive,
au miel et au romarin

Préparation : 10 min
Repos : 1 h
Cuisson : 10 min

Pour 25 biscuits environ
240 g de farine
½ sachet de levure
1 sachet de sucre vanillé
1 cuil. à café de sel
1 œuf
8 cl d'huile d'olive extra-vierge
1 cuil. à soupe de miel
75 g de beurre mou
quelques aiguilles de romarin frais

Dans un saladier, mélangez la farine, la levure, le sucre vanillé et le sel. Ajoutez l'œuf battu, l'huile d'olive et le miel, et mélangez énergiquement. Coupez le beurre en petits morceaux et ajoutez-le à la pâte, en pétrissant du bout des doigts pour bien l'incorporer et obtenir une pâte lisse et souple. Ajoutez les aiguilles de romarin et formez une boule avec la pâte, puis enveloppez-la dans du film alimentaire et réservez au frais pendant 1 heure.
Préchauffez le four à 180 °C (th. 6). Sur un plan de travail fariné, étalez la pâte à l'aide d'un rouleau à pâtisserie et découpez dedans des disques à l'aide d'un emporte-pièce de 6 cm de diamètre environ. Disposez-les sur la plaque du four recouverte de papier sulfurisé, enfournez et laissez cuire pendant 10 minutes, jusqu'à ce que les biscuits commencent à blondir.

Vous pouvez réaliser cette recette avec diverses herbes, thym ou thym citron par exemple. Retirez les biscuits du four dès qu'ils sont colorés pour qu'ils restent sablés.

romarin

biscuits
croquants aux flocons d'avoine

Préparation : 15 min
Cuisson : 10 min

Pour une trentaine de biscuits : 120 g de beurre demi-sel mou • 110 g de sucre roux • 50 g de farine • 3 cuil. à soupe de lait • 120 g de flocons d'avoine • le zeste râpé d'un citron non traité

Préchauffez le four à 180 °C (th. 6). Dans un saladier, fouettez le beurre mou et le sucre à l'aide d'un batteur électrique jusqu'à ce que vous obteniez un mélange blanc et crémeux. Incorporez la farine et le lait, en mélangeant à l'aide d'une spatule. Ajoutez alors les flocons d'avoine et le zeste de citron.
Recouvrez la plaque du four de papier sulfurisé et disposez dessus des petits tas de pâte assez espacés les uns des autres.
Baissez la température du four à 140 °C (th. 4-5), enfournez les biscuits et laissez-les cuire 10 minutes. Ils doivent être dorés.

Vous pouvez, dans cette recette, utiliser du lait de soja ou de riz, mais aussi remplacer les flocons d'avoine par la même quantité de muesli.

biscuits
craquants aux noix

Préparation : 10 min
Repos : 1 h
Cuisson : de 15 à 20 min

Pour une vingtaine de biscuits : 120 g de beurre demi-sel mou • 100 g de sucre en poudre • 180 g de farine • 2 cuil. à café d'extrait de vanille • 40 g de noix

Hachez grossièrement les noix de façon qu'elles soient réduites en petits morceaux. Battez le beurre mou avec le sucre dans un saladier jusqu'à ce que le mélange blanchisse et devienne crémeux. Incorporez la farine, en mélangeant pour homogénéiser la pâte. **A**joutez l'extrait de vanille et les noix hachées, et mélangez de nouveau afin d'obtenir une pâte ferme. Formez une boule et réservez-la 1 heure au frais.
Préchauffez le four à 180 °C (th. 6). Étalez la pâte au rouleau sur un plan de travail fariné et détaillez-la à l'aide d'un emporte-pièce rond d'environ 6 cm de diamètre. Disposez les biscuits sur la plaque du four recouverte de papier sulfurisé, enfournez et laissez cuire de 15 à 20 minutes. Les sablés doivent être bien dorés.

À la sortie du four, les biscuits vous sembleront encore un peu mous, mais laissez-les refroidir et ils deviendront bien craquants. Vous pouvez remplacer les noix par des noix de cajou ou de pécan à la préparation.

biscuits
à la chicorée et aux noisettes

Préparation : 15 min
Repos : 30 min
Cuisson : 15 min

Pour une cinquantaine de petits biscuits : 125 g de beurre ramolli • 125 g de cassonade • 1 œuf • 200 g de farine • 80 g de poudre de noisettes • 2 cuil. à soupe de chicorée • 1 pincée de sel

Dans un saladier, battez énergiquement le beurre ramolli et la cassonade jusqu'à ce que le mélange blanchisse et devienne crémeux. Ajoutez l'œuf battu et continuez de battre. **D**ans un autre saladier, mélangez la farine, la poudre de noisettes, la chicorée et le sel. **A**joutez ce mélange sec à la préparation précédente, puis travaillez la pâte afin de la rendre homogène. Formez une boule de pâte, enveloppez-la dans du film alimentaire et réservez-la 30 minutes au frais. **P**réchauffez le four à 150 °C (th. 5). Sur un plan de travail fariné, étalez la pâte sur une épaisseur de 5 mm et découpez dedans des disques à l'aide d'un emporte-pièce de 6 à 7 cm de diamètre. Disposez-les sur la plaque du four recouverte de papier sulfurisé, enfournez et laissez cuire 15 minutes, jusqu'à ce que les biscuits soient dorés.

C'est la racine de la chicorée que nous avons l'habitude de consommer en salade. Vous la trouverez en poudre au rayon des cafés de votre supermarché.

biscuits
à la farine de châtaigne

Préparation : 10 min
Cuisson : 10 min

Pour une trentaine de petits biscuits : 125 g de sucre en poudre • 125 g de beurre salé mou • 200 g de farine de châtaigne • 1 pincée de levure • 3 cuil. à soupe de lait de soja

Préchauffez le four à 180 °C (th. 6). Fouettez le sucre et le beurre ramolli jusqu'à ce que le mélange blanchisse et devienne crémeux. Incorporez la farine et la levure afin d'obtenir une pâte homogène, puis ajoutez le lait de soja et pétrissez bien le tout. **F**ormez des noix de pâte et disposez-les sur la plaque du four recouverte de papier sulfurisé. Écrasez-les avec les dents d'une fourchette pour les aplatir et former un relief sur chaque biscuit. Enfournez et laissez cuire pendant 10 minutes.

Ces biscuits sont encore mous à la sortie du four, mais ils gagnent tout leur croustillant en refroidissant. Ils sont d'ailleurs encore meilleurs le lendemain… ce que découvriront celles et ceux capables de patienter !

biscuits
au beurre de cacahuète et au sirop d'érable

Préparation : 20 min
Cuisson : de 8 à 10 min

Pour une trentaine de biscuits : 85 g de beurre de cacahuète • 100 g de beurre demi-sel • 100 g de cassonade • 200 g de sirop d'érable • 1 œuf • 150 g de farine • 1 cuil. à café de levure • 1 cuil. à café de bicarbonate de sodium

Préchauffez le four à 180 °C (th. 6). Dans un saladier, fouettez à l'aide d'un batteur électrique le beurre de cacahuète, le beurre ramolli coupé en morceaux, la cassonade, le sirop d'érable et l'œuf. Lorsque le mélange est crémeux et lisse, incorporez la farine, la levure et le bicarbonate. La pâte doit être homogène.
Sur la plaque du four recouverte de papier sulfurisé, disposez des petits tas de pâte à l'aide d'une cuillère à café et étalez-les légèrement avec le dos la cuillère de façon à former des disques réguliers.
Enfournez et laissez cuire pendant 8 à 10 minutes, puis sortez du four et laissez refroidir avant de déguster.

Voici de délicieux biscuits croquants à tremper dans du lait à la cannelle. Vous pourrez les conserver quelques jours dans un endroit sec.

biscuits
dentelle au citron

Préparation : 15 min
Repos : 1 h
Cuisson : 10 min

Pour une vingtaine de biscuits : 1 citron non traité • 150 g de farine • 75 g de sucre en poudre • 2 pincées de sel • 2 jaunes d'œuf • 100 g de beurre demi-sel mou

Prélevez le zeste du citron à l'aide d'une râpe. Versez la farine dans un saladier, ajoutez le sucre, le sel et les œufs, puis les zestes de citron et le beurre mou, préalablement coupé en morceaux. Mélangez le tout du bout des doigts jusqu'à obtenir une pâte homogène. Formez une boule, enveloppez-la dans du film alimentaire et réservez-la au frais 1 heure.
Préchauffez le four à 200 °C (th. 6-7). Étalez la pâte très finement sur le plan de travail fariné. Détaillez-la en disques de 6 cm de diamètre environ à l'aide d'un emporte-pièce cannelé, puis enlevez le centre en le découpant avec un emporte-pièce cannelé plus petit.
Disposez les biscuits sur la plaque du four recouverte de papier sulfurisé. Enfournez et laissez cuire pendant 10 minutes.

À partir de cette recette, vous pouvez confectionner des biscuits fourrés au citron : enlevez le centre de la moitié de vos biscuits seulement ; à l'issue de la cuisson, garnissez les biscuits entiers de lemon curd (voir recette p. 62) et posez par-dessus les biscuits troués.

alfajores

Préparation : 20 min
Cuisson : de 10 à 12 min

Pour environ 30 biscuits
100 g de beurre
75 g de sucre en poudre
100 g de farine
100 g de Maïzena®
1 cuil. à café de levure
1 pincée de bicarbonate de sodium
1 œuf + 2 jaunes
½ pot de confiture de lait

Pour le glaçage :
200 g de chocolat noir
20 cl de crème
20 g de beurre

Préchauffez le four à 180 °C (th. 6). Fouettez le beurre et le sucre dans un saladier jusqu'à ce que le mélange blanchisse et devienne crémeux. Ajoutez alors la farine, la Maïzena®, la levure et le bicarbonate de sodium, et mélangez pour amalgamer le tout. Pour finir, incorporez les œufs et travaillez la pâte pour former une boule.

Sur un plan de travail fariné, étalez la pâte sur 5 mm d'épaisseur et découpez des disques dedans à l'aide d'un emporte-pièce de 3 cm de diamètre. Disposez-les au fur et à mesure sur la plaque du four recouverte de papier sulfurisé. Enfournez et laissez cuire pendant 10 à 12 minutes. Au terme de la cuisson, sortez les biscuits du four, déposez-les sur une grille et laissez-les refroidir.

Étalez un peu de confiture de lait sur la moitié des biscuits (soit une quinzaine), puis recouvrez chacun d'eux par un biscuit nature de façon à former un sandwich.

Pour le glaçage, faites fondre au bain-marie le chocolat coupé en morceaux, la crème et le beurre. Lorsque tout est fondu, mettez hors du feu et remuez pendant quelques minutes, jusqu'à ce que le glaçage soit refroidi, puis recouvrez-en les biscuits.

Le glaçage de ces biscuits argentins peut être réalisé avec toutes sortes de chocolats ; vous pouvez également supprimer le glaçage au chocolat, et simplement saupoudrer les biscuits de sucre glace.

confiture de lait

cigarettes

Préparation : 10 min
Cuisson : de 7 à 10 min par fournée

Pour une cinquantaine de cigarettes : 100 g de beurre • 100 g de sucre glace • 4 blancs d'œuf • 1 cuil. à soupe de vanille liquide • 75 g de farine

Préchauffez le four à 180 °C (th. 6). Battez le beurre mou et le sucre glace dans un saladier afin d'obtenir un mélange crémeux. Tout en continuant à fouetter, incorporez un à un les blancs d'œuf, puis ajoutez la vanille liquide. Incorporez délicatement la farine à l'aide d'une spatule et mélangez afin d'obtenir une pâte souple et homogène.
Sur la plaque du four recouverte de papier sulfurisé, dressez des petits tas de pâte bien espacés les uns des autres car ils s'étalent à la cuisson. Enfournez et laissez cuire une douzaine de cigarettes par plaque pendant 7 à 10 minutes. Le bord des biscuits doit être doré.
Dès la sortie du four, décollez les tuiles du papier et enroulez-les immédiatement autour d'un crayon pour leur donner la forme de cigarette. Laissez refroidir, puis retirez les crayons.

Des petits biscuits incontournables pour accompagner thés, desserts et crèmes glacées… Vous pouvez aussi remplacer la vanille liquide par une gousse de vanille grattée.

canistrelli

Préparation : 15 min
Cuisson : de 40 à 45 min

Pour une trentaine de biscuits : 500 g de farine • 200 g de sucre cristallisé • 1 sachet de levure • 20 g de graines d'anis vert • 15 cl d'huile neutre • 10 cl de vin blanc • 3 cl de pastis

Préchauffez le four à 180 °C (th. 6). Dans un saladier, mélangez bien la farine, le sucre, la levure et les graines d'anis vert. Creusez une fontaine au centre du mélange et versez-y l'huile, le vin blanc et le pastis. Mélangez le tout du bout des doigts, sans pétrir, pour bien incorporer tous les ingrédients.
Sur un plan de travail fariné, étalez la pâte sur une épaisseur de 1 ou 2 cm et découpez dedans des losanges. Disposez-les sur la plaque du four recouverte de papier sulfurisé, enfournez et laissez cuire de 40 à 45 minutes ; les canistrelli doivent être bien dorés.

Vous pouvez donner à ces biscuits la forme de votre choix. Veillez à ce que la température de votre four ne dépasse pas 180 °C (th. 6), car sinon le dessous des biscuits noircirait très vite.

vanille

canistrelli
au citron

Préparation : 15 min
Cuisson : 20 min

Pour une trentaine de biscuits : 2 citrons non traités • 600 g farine • 1 sachet de levure • 150 g de sucre en poudre • 2 sachets de sucre vanillé • 2 œufs • 15 cl d'huile neutre • 7 cl de vin blanc • sucre pour saupoudrer

Préchauffez le four à 180 °C (th. 6). Prélevez le zeste des citrons à l'aide d'une râpe. Dans un saladier, mélangez la farine, la levure, le sucre, le sucre vanillé et les zestes de citron. Incorporez les œufs battus, l'huile et le vin blanc, en pétrissant pour obtenir une pâte épaisse et sableuse.

Sur un plan de travail fariné, étalez la pâte sur une épaisseur de 1 cm, saupoudrez-la uniformément de sucre en poudre et découpez dedans des losanges de pâte. Disposez ces derniers sur la plaque du four recouverte de papier sulfurisé. Enfournez et laissez cuire pendant 20 minutes, en surveillant la cuisson.

Vous pouvez remplacer le vin blanc par de l'eau ; le goût sera différent, mais la pâte aura la même consistance. Pour des biscuits pleins de douceur, utilisez de l'huile d'olive.

cœurs
à la cannelle
et au citron

Préparation : 20 min
Repos : 12 h
Cuisson : 15 min

Pour environ 30 petits cœurs : 150 g de farine • 80 g de cassonade • 1 cuil. à café bombée de cannelle moulue • 1 œuf • 1 citron non traité • 80 g de beurre demi-sel ramolli • 1 jaune d'œuf pour dorer

Dans un saladier, mélangez la farine, la cassonade et la cannelle. Formez un puits, ajoutez l'œuf battu et mélangez bien. Prélevez le zeste du citron avec une petite râpe, puis pressez le fruit.

Coupez le beurre mou en dés, ajoutez-le à la pâte et pétrissez du bout des doigts pour former une pâte souple. Ajoutez le zeste et le jus de citron, pétrissez encore et roulez la pâte en boule. Entourez-la de film alimentaire, puis laissez-la reposer une nuit au frais.

Préchauffez le four à 180 °C (th. 6). Sur un plan de travail fariné, étalez la pâte sur une épaisseur de 5 mm. Découpez à l'emporte-pièce des biscuits en forme de cœur, posez-les sur la plaque du four recouverte de papier sulfurisé et badigeonnez-les de jaune d'œuf à l'aide d'un pinceau. Enfournez et laissez cuire 15 minutes, jusqu'à ce que les biscuits soient dorés.

Vous pouvez saupoudrer les biscuits de sucre cristallisé au lieu de les dorer à l'œuf ; le résultat sera différent, mais tout aussi gourmand.

demi-lunes au citron

Préparation : 10 min
Repos : 30 min + 1 h
Cuisson : de 8 à 10 min

Pour 25 demi-lunes
75 g de farine
100 g de sucre vergeoise
150 g de poudre d'amandes
1 cuil. à café de cannelle
le zeste râpé d'un citron non traité
1 pincée de sel
1 œuf entier et 2 jaunes

Pour le glaçage au citron :
150 g de sucre glace
3 cuil. à soupe de jus de citron

Préchauffez le four à 150 °C (th. 5). Dans un saladier, mélangez la farine, le sucre, les amandes en poudre, la cannelle, le zeste de citron et le sel. Incorporez l'œuf entier et les jaunes, et mélangez énergiquement pour obtenir une pâte homogène. Formez une boule et réservez au frais pendant 30 minutes.

Sur un plan de travail fariné, étalez la pâte et détaillez-la à l'aide d'un emporte-pièce en forme de demi-lune. **D**isposez les biscuits sur une plaque recouverte de papier sulfurisé, enfournez et laissez cuire pendant 8 à 10 minutes, sans laisser trop dorer les biscuits pour qu'ils restent tendres. Au terme de la cuisson, sortez-les du four et laissez refroidir sur une grille.

Pendant ce temps, préparez le glaçage : mélangez le sucre et le jus de citron dans un bol ; laissez-le prendre une dizaine de minutes, puis nappez-en les demi-lunes refroidies. Laissez le glaçage sécher pendant 1 heure dans un endroit frais et sec.

Vous pouvez confectionner ces biscuits avec de l'orange, du pamplemousse ou de la mandarine à la place de citron. Laissez-les bien refroidir avant d'entreprendre le glaçage pour que celui-ci prenne facilement.

congolais

Préparation : 5 min
Cuisson : de 15 à 20 min

Pour 25 congolais : 125 g de sucre en poudre • 125 g de poudre de noix de coco • 2 blancs d'œuf

Préchauffez le four à 180 °C (th. 6). Dans un saladier, mélangez le sucre et la noix de coco râpée. Battez le blanc d'œuf sans le monter en neige et ajoutez-le en une fois au mélange précédent. Homogénéisez l'ensemble : la pâte doit être compacte mais pas sèche.
Déposez des boules de pâte sur la plaque du four couverte de papier sulfurisé et travaillez-les pour qu'elles forment des petits cônes. Enfournez et laissez cuire de 15 à 20 minutes, jusqu'à ce que les congolais soient parfaitement dorés.

Vous pouvez ajouter de la vanille en poudre à la préparation en même temps que le sucre.

croissants
à la vanille

Préparation : 15 min
Repos : 1 h
Cuisson : 15 min

Pour 30 à 40 petits croissants à la vanille : 180 g de beurre ramolli • 70 g de sucre en poudre • 1 sachet de sucre vanillé • 100 g de poudre d'amandes • 250 g de farine • 1 pincée de sel
Pour l'enrobage : 1 gousse de vanille • 50 g de sucre en poudre

Dans un saladier, battez le beurre et les sucres jusqu'à ce que le mélange blanchisse et devienne crémeux. Ajoutez la poudre d'amandes, la farine et le sel, et pétrissez la pâte jusqu'à ce qu'elle soit homogène. Formez une boule, entourez-la de film alimentaire et réservez-la au frais 1 heure.
Fendez en deux la gousse de vanille, grattez l'intérieur pour récupérer les petites graines, mélangez-les avec le sucre et réservez dans une assiette creuse.
Préchauffez le four à 170 °C (th. 5-6). Prélevez des petites boules de pâte, formez des biscuits en forme de croissant et disposez-les au fur et à mesure sur la plaque du four couverte de papier sulfurisé. Enfournez et laissez cuire 15 minutes.
À la sortie du four, roulez les croissants dans le sucre vanillé et laissez-les refroidir sur une grille.

Vous pouvez réaliser cette recette avec de la cannelle à la place de la vanille pour l'enrobage ; remplacez alors le sucre en poudre par du sucre glace.

croquants aux pistaches

Préparation : 15 min
Cuisson : 30 min

Pour une trentaine de croquants
2 cuil. à soupe de lait
1 cuil. à soupe de pâte de pistaches
2 œufs
125 g de sucre en poudre
250 g de farine
½ sachet de levure
30 g de pistaches mondées non salées

Préchauffez le four à 180 °C (th. 6). Faites chauffer doucement le lait et la pâte de pistaches jusqu'à ce que celle-ci soit complètement dissoute. Dans un saladier, fouettez les œufs et le sucre jusqu'à ce que le mélange blanchisse et devienne mousseux. Ajoutez la pâte de pistaches et mélangez. Incorporez la farine et la levure en pétrissant la pâte pour obtenir une boule ferme et homogène. Ajoutez enfin les pistaches entières, en veillant à ce qu'elles soient uniformément réparties dans la pâte.

Sur un plan de travail fariné, roulez deux pâtons d'environ 4 cm de diamètre et disposez-les sur la plaque du four recouverte de papier sulfurisé. Enfournez et laissez cuire pendant 20 minutes.

Sortez les pâtons du four et découpez-les en tranches d'environ 1 cm d'épaisseur. Disposez ces dernières à plat sur la plaque et prolongez la cuisson de 10 minutes, en les retournant à mi-cuisson afin de faire dorer les deux côtés. Laissez refroidir les croquants avant de les déguster.

Si vous ne trouvez pas de pâte de pistaches, vous pouvez confectionner ces croquants avec uniquement des pistaches mondées : mettez alors 50 g de pistaches (au lieu de 30 g) et ajoutez à la pâte le zeste râpé d'un citron non traité.

pistache

croquants
au citron

Préparation : 15 min
Cuisson : de 12 à 15 min

Pour environ 35 croquants : 150 g de beurre mou • 200 g de sucre en poudre • 1 œuf + 1 jaune • 1 cuil. à soupe de zeste de citron râpé • 3 cuil. à soupe de jus de citron • 425 g de farine • ½ cuil. à café de levure • ¼ de cuil. à café de sel • 20 g de beurre • 30g de cassonade

Préchauffez le four à 180 °C (th. 6). Battez énergiquement le beurre mou et les 150 g de sucre : le mélange doit blanchir et devenir mousseux. Ajoutez l'œuf entier et le jaune, le zeste et le jus de citron, et mélangez pour homogénéiser le tout. Mélangez la farine, la levure et le sel, puis incorporez le tout à la préparation précédente.
Prélevez des petites boules de pâte de la taille d'une grosse noix, disposez-les sur la plaque du four recouverte de papier sulfurisé et, avec la paume de la main, aplatissez-les pour obtenir des galettes de 1 cm d'épaisseur.
Faites fondre doucement le beurre, puis badigeonnez-en les galettes à l'aide d'un pinceau et saupoudrez-les de cassonade. Enfournez et laissez cuire pendant 12 à 15 minutes.

Avis aux amateurs de croustillant : conserver ces biscuits dans une boîte hermétique renforcera leur croquant ! Pour les autres, n'hésitez pas à les tremper au goûter dans du thé pour les ramollir.

croquets
aux noisettes de Marie

Préparation : 15 min
Cuisson : 50 min

Pour une quarantaine de croquets : 7 œufs • 1 pincée de sel • 2 cuil. à soupe de vanille liquide • 310 g de sucre • 250 g de farine • 250 g de noisettes concassées

Préchauffez le four à 200 °C (th. 6-7). Fouettez les œufs avec le sel, la vanille et le sucre jusqu'à ce que le mélange devienne mousseux. Ajoutez la farine et continuez à fouetter. Lorsque le mélange est homogène, ajoutez les noix concassées.
Garnissez la plaque du four de papier sulfurisé et versez-y la pâte au milieu en l'étalant rapidement en forme de rectangle ; elle s'étendra à la cuisson. Enfournez et laissez cuire 30 minutes. À la sortie du four, retournez le biscuit sur une plaque à pâtisserie et retirez le papier sulfurisé.
Baissez le four à 180 °C (th. 6). Coupez le biscuit en trois bandes dans le sens de la longueur, et détaillez les croquets dans celles-ci. Disposez-les sur la plaque du four, enfournez-les et laissez-les cuire pendant 20 minutes afin de les faire dorer et sécher. Laissez-les refroidir avant de les déguster.

Des biscuits à tremper dans du thé et à conserver pour les longues soirées d'hiver dans une boîte à gâteaux en fer… Vous pouvez remplacer les noisettes par des noix concassées, ou par un mélange des deux fruits.

galettes au beurre salé

Préparation : 10 min
Repos : 1 h
Cuisson : 6 min

Pour une trentaine de galettes
200 g de farine
130 g de cassonade
1 sachet de sucre vanillé
1 pincée de sel
½ sachet de levure
125 g de beurre demi-sel mou
1 œuf + 1 jaune

Dans un saladier, mélangez la farine, les sucres, le sel et la levure. Détaillez le beurre ramolli en petits morceaux, ajoutez-le et mélangez du bout des doigts afin d'obtenir une pâte sableuse. Incorporez l'œuf entier et pétrissez la pâte jusqu'à ce qu'elle forme une boule. Entourez-la de film alimentaire et laissez-la reposer 1 heure au frais.

Préchauffez le four à 200 °C (th. 6-7). Sur un plan de travail fariné, étalez la pâte sur une épaisseur de 5 mm, puis découpez dedans les galettes à l'aide d'un emporte-pièce de 5 cm de diamètre environ. Disposez les biscuits sur la plaque du four recouverte de papier sulfurisé et quadrillez la surface de chacun d'eux à l'aide d'un couteau fin. Pour finir, badigeonnez-les de jaune d'œuf avec un pinceau.

Enfournez et laissez cuire pendant 6 minutes, en surveillant attentivement car les galettes doivent être bien dorées, mais noirciront rapidement.

Pour des croisillons réguliers, vous pouvez utiliser une fourchette : dans ce cas, badigeonnez les galettes de jaune d'œuf avant pour que la fourchette glisse plus facilement. N'hésitez pas à ajouter un arôme dans la pâte, vanille ou citron par exemple.

cassonade

gaufres
à la cassonade

Préparation : 20 min
Repos : 1 h
Cuisson : 2 ou 3 min par tournée

Pour 25 gaufres fourrées : 10 cl lait • 25 g de sucre en poudre • ½ cube de levure de boulanger • 125 g de beurre • 500 g de farine • 2 gros œufs
Pour le fourrage : 125 g de beurre en pommade • 350 g de cassonade

Faites tiédir le lait additionné du sucre, puis délayez-y la levure. Faites fondre le beurre à feu doux. Mélangez énergiquement la farine et les œufs battus, et ajoutez-y le beurre fondu, puis le lait avec la levure. Pétrissez délicatement la pâte obtenue. À l'aide de deux cuillères à soupe, disposez des quenelles de pâte sur une plaque et laissez-les lever dans un endroit chaud pendant 1 heure.
Préparez la garniture : mélangez le beurre à la cassonade, et malaxez l'ensemble du bout des doigts pour qu'il soit bien homogène. Réservez.
Faites chauffer un gaufrier pour gaufrettes. Placez des quenelles de pâte sur les plaques du gaufrier et laissez-les cuire 2 ou 3 minutes. Lorsqu'elles sont cuites, coupez-les dans l'épaisseur avec un couteau fin et garnissez-les de préparation au beurre à la cassonade.

Vous pouvez trouver des plaques pour gaufrettes dans le commerce, elles s'adaptent aux gaufriers traditionnels.

palets
à l'épeautre

Préparation : 15 min
Cuisson : 15 min

Pour une quinzaine de palets : 65 g de farine • 80 g de cassonade • 40 g de poudre d'amandes • 50 g de flocons d'épeautre • 60 g de margarine sans lait • 1 cuil. à soupe de miel • 1 cuil. à café de bicarbonate de soude • 1 cuil. à café d'eau bouillante • 50 g de pépites de chocolat

Préchauffez le four à 180 °C (th. 6). Dans un saladier, mélangez la farine, le sucre, la poudre d'amandes et les flocons d'épeautre. Faites fondre la margarine additionnée du miel sur feu doux. Dissolvez le bicarbonate dans l'eau bouillante, versez-le dans la préparation précédente et mélangez bien. Transférez le tout dans le saladier et mélangez énergiquement afin d'obtenir une pâte homogène. Ajoutez les pépites de chocolat et mélangez à nouveau.
Déposez des petits tas de pâte sur la plaque du four recouverte de papier sulfurisé et, avec le dos de la cuillère, aplatissez-les afin de leur donner une forme de palet. Enfournez et laissez cuire pendant 15 minutes. Au terme de la cuisson, laissez refroidir les palets avant de les décoller de la plaque.

Vous pouvez confectionner cette recette en remplaçant les flocons d'épeautre par des flocons d'avoine et en remplaçant le miel par du sirop d'érable.

épeautre

palets bretons

Préparation : 15 min
Repos : 1 h
Cuisson : 15 min

Pour une vingtaine de palets : 300 g de farine • 1 cuil. à café de vanille en poudre • 125 g de sucre en poudre • 1 pincée de sel • 1 sachet de levure • 1 œuf + 1 jaune • 180 g de beurre

Dans un saladier, mélangez la farine, la vanille en poudre, le sucre, le sel et la levure. Formez un puits, ajoutez-y l'œuf entier et le jaune, et travaillez la pâte rapidement. Faites fondre doucement le beurre et incorporez-le à la préparation. Pétrissez la pâte du bout des doigts jusqu'à ce qu'elle soit complètement homogène. Formez un boudin bien régulier de 5 à 6 cm de diamètre, enveloppez-le dans du film alimentaire et laissez-le reposer au frais pendant 1 heure.

Préchauffez le four à 180 °C (th. 6). Détaillez le rouleau de pâte en tranches de 1 cm d'épaisseur environ. Disposez ces dernières sur la plaque du four recouverte de papier sulfurisé et veillez à bien les espacer afin qu'elles ne se chevauchent pas à la cuisson. Enfournez les biscuits et faites-les cuire pendant 15 minutes, puis décollez-les de la plaque et laissez-les refroidir sur une grille.

Si vous préférez des biscuits plus fins, étalez la pâte sur un plan de travail fariné et détaillez-la en disques à l'aide d'un emporte-pièce.

palets
croustillants aux graines de tournesol

Préparation : 20 min
Cuisson : 10 min

Pour une vingtaine de palets : 60 g de beurre • 115 g de miel • 2 cuil. à soupe de sucre roux • 2 cuil. à soupe de sucre en poudre • 185 g de farine • 1 sachet de levure • 100 g de graines de tournesol non salées • 1 cuil. à soupe de cannelle en poudre

Préchauffez le four à 210 °C (th. 7). Faites fondre le beurre dans une casserole portée sur feu doux et ajoutez-y le miel et les deux sucres en remuant constamment. Mettez hors du feu et continuez à remuer pendant 5 minutes.
Dans un saladier, mélangez la farine, la levure, les graines de tournesol et la cannelle. Versez dessus le mélange précédent et travaillez la pâte afin de l'homogénéiser. Disposez des boulettes de pâte sur la plaque du four recouverte de papier sulfurisé et aplatissez-les de la paume de la main.
Enfournez et faites cuire pendant 10 minutes. Au terme de la cuisson, sortez les palets du four et laissez-les refroidir sur une grille.

Pour renforcer le goût des graines de tournesol, vous pouvez les torréfier à four chaud sur une plaque (sans ajout de matière grasse) jusqu'à ce qu'elles soient dorées.

tournesol

langues de chat au pavot

Préparation : 10 min
Cuisson : de 7 à 10 min

**Pour une quarantaine
de langues de chat**

2 œufs

1 sachet de sucre vanillé

80 g de sucre en poudre

80 g de farine

80 de beurre mou

1 cuil. à soupe bombée de graines de pavot

Préchauffez le four à 180 °C (th. 6). Dans un saladier, fouettez les œufs, le sucre vanillé et le sucre en poudre jusqu'à ce que le mélange blanchisse et devienne mousseux. Incorporez la farine et mélangez énergiquement afin d'obtenir une pâte lisse et homogène. Ajoutez le beurre, préalablement coupé en petits morceaux, et mélangez jusqu'à ce qu'il soit parfaitement incorporé. Ajoutez pour finir les graines de pavot et mélangez de nouveau.

Garnissez une poche à douille lisse avec la pâte et dressez des lignes d'environ 5 cm de long sur la plaque du four recouverte de papier sulfurisé. Enfournez et laissez cuire pendant 7 à 10 minutes, jusqu'à ce que les bords soient dorés. Attention, la cuisson peut être très rapide !

La pâte à langues de chat est difficile à dresser parce qu'elle n'est pas très solide et qu'elle s'étale beaucoup à la cuisson ; l'idéal est d'avoir un moule à langues de chat. Si ce n'est pas le cas, appliquez-vous au moment du dressage à la poche à douille…

pavot

kaaks

Préparation : 15 min
Repos : 1 h
Cuisson : 15 min

Pour une trentaine de biscuits au sésame : 250 g de farine • 1 cuil. à café de levure • 6 cuil. à soupe de sucre en poudre • 1 sachet de sucre vanillé • 1 pincée de sel • 2 cuil. à soupe de graines de sésame • 60 g de beurre • 10 cl d'huile • 10 cl d'eau • 2 jaunes d'œuf

Mélangez la farine, la levure, le sucre, le sucre vanillé, le sel et les graines de sésame. Faites fondre le beurre sur feu doux et incorporez-le au mélange précédent. Ajoutez l'huile et l'eau, et pétrissez la pâte afin qu'elle soit homogène et tendre. Entourez-la de film alimentaire et laissez-la reposer 1 heure au frais.

Préchauffez le four à 180 °C (th. 6). Prélevez des petites boules de pâte, roulez-les sur un plan de travail fariné en forme de petits boudins, puis rapprochez les deux extrémités et collez-les pour former des petits gâteaux circulaires avec un trou au milieu.

Disposez les kaaks sur la plaque du four couverte de papier sulfurisé et badigeonnez-les de jaune d'œuf. Enfournez et laissez cuire pendant 15 minutes, jusqu'à ce qu'ils soient dorés.

La recette traditionnelle des kaaks comprend du *mahleb*, une poudre de noyaux de cerise dont on se sert pour parfumer pains et pâtisseries. Si vous en trouvez, mettez-la à la place du sucre vanillé.

palmiers

Préparation : 5 min
Repos : 10 min
Cuisson : 20 min

Pour une vingtaine de palmiers : 1 pâte feuilletée • 75 g de sucre en poudre

Préchauffez le four à 180 °C (th. 6). Déroulez la pâte feuilletée et saupoudrez-la de sucre. Roulez chaque bord vers le milieu et réservez la pâte telle quelle pendant 10 minutes au congélateur.

Sortez la pâte, coupez-la en tranches fines et déposez celles-ci sur la plaque du four recouverte de papier sulfurisé. Veillez à bien les espacer, car les palmiers gonflent à la cuisson. Enfournez et laissez cuire pendant 20 minutes environ.

N'hésitez pas à laisser dorer les palmiers afin qu'ils caramélisent dessous. Vous pouvez bien sûr confectionner vous-même la pâte feuilletée, mais cela allongera très nettement le temps de préparation de la recette…

feuilleté

mini-chaussons
fourrés aux amandes

Préparation : 20 min
Repos : 1 h
Cuisson : 12 min

**Pour une trentaine
de mini-chaussons**
160 g de farine
40 g de sucre en poudre
1 pincée de sel
75 g de beurre mou
1 œuf battu

Pour la garniture :
30 g d'amandes entières non mondées
2 cuil. à café de miel liquide
1 cuil. à café d'eau de fleur d'oranger

Pour dorer les chaussons :
1 œuf
3 cuil. à café d'eau de fleur d'oranger

Commencez par préparer la pâte. Dans un saladier, mélangez la farine, le sucre et le sel. Coupez le beurre ramolli en dés et ajoutez-le, en travaillant la pâte du bout des doigts afin d'obtenir un mélange sableux. Ajoutez l'œuf battu et pétrissez la pâte afin qu'elle soit homogène et que vous puissiez former une boule. Enveloppez-la de film alimentaire et réservez-la au frais pendant 1 heure.
Préparez la garniture : mixez grossièrement les amandes, mettez-les dans un bol et mélangez-les avec le miel et l'eau de fleur d'oranger.
Préchauffez le four à 180 °C (th. 6). Sur un plan de travail fariné, étalez la pâte finement et découpez dedans des cercles de 5 à 6 cm de diamètre. Placez une petite cuillerée à café de garniture au milieu de chaque disque et humidifiez le bord, puis repliez la pâte et soudez le chausson du bout des doigts. Disposez au fur et à mesure les chaussons sur la plaque du four recouverte de papier sulfurisé.
Mélangez l'œuf battu avec l'eau de fleur d'oranger dans un bol, puis badigeonnez-en les chaussons à l'aide d'un pinceau. Enfournez et laissez cuire pendant 12 minutes, jusqu'à ce que les biscuits soient dorés.

Vous pouvez confectionner ces petits chaussons avec de la confiture ou bien de la compote. Vous pouvez également faire une farce en faisant fondre du chocolat et en y ajoutant de la confiture.

amande

petits bretons au beurre salé

Préparation : 30 min
Repos : 3 h
Cuisson : de 8 à 10 min

Pour 30 biscuits

6 cl d'eau
100 g de beurre demi-sel
1 pincée de sel
100 g de sucre en poudre
500 g de farine
1 cuil. à café de levure

Portez l'eau à ébullition dans une casserole avec le beurre, le sel et le sucre. Lorsque le beurre est fondu, laissez refroidir en remuant régulièrement le mélange.

Mélangez la farine et la levure dans un saladier. Lorsque le mélange au beurre est bien refroidi, versez-le sur la farine et travaillez rapidement la pâte afin d'obtenir une boule. Enveloppez-la dans du film alimentaire et placez-la pendant 3 heures au frais.

Préchauffez le four à 180 °C (th. 6). Sur un plan de travail fariné, étalez la pâte sur 5 mm d'épaisseur, découpez-la à l'aide d'un emporte-pièce rectangulaire cannelé (pour petits-beurre) et disposez les biscuits sur la plaque du four recouverte de papier sulfurisé. Enfournez et faites cuire pendant 8 à 10 minutes. Au terme de la cuisson, laissez refroidir les biscuits et conservez-les dans un endroit sec.

Laissez refroidir complètement la préparation au beurre : elle doit avoir la consistance d'une crème anglaise au moment où vous la versez sur la farine. Surtout, ne travaillez pas trop la pâte avant de la réserver au frais.

beurre salé

petits-beurre
aux graines

Préparation : 15 min
Repos : 2 h
Cuisson : 15 min

Pour une trentaine de biscuits : 80 g de lait • 80 g de beurre demi-sel • 80 g de cassonade • ½ citron • 250 g de farine • 1 cuil. à café de graines de pavot • 1 cuil. à café de graines de tournesol • 1 cuil. à café de graines de courge • ½ sachet de levure

Faites chauffer le lait, ajoutez le beurre et le sucre, puis portez à ébullition et laissez cuire jusqu'à ce que le beurre et le sucre soient fondus. Laissez refroidir le mélange et ajoutez le jus du demi-citron.
Mélangez la farine, les graines et la levure dans un saladier. Ajoutez le mélange au lait refroidi et travaillez rapidement la pâte afin d'obtenir une boule. Enveloppez-la dans du film alimentaire et réservez-la au frais pendant 2 heures.
Préchauffez votre four à 200 °C (th. 6-7). Étalez la pâte le plus finement possible sur le plan de travail fariné et découpez dedans des rectangles à l'aide d'une roulette. Disposez-les sur la plaque du four recouverte de papier sulfurisé, enfournez et laissez cuire pendant 15 minutes.

Veillez à bien espacer les biscuits sur la plaque, car la pâte gonfle beaucoup. Surveillez la cuisson afin que le bord ne brunisse pas trop. La cuisson doit être uniforme.

petits cœurs
à la pistache

Préparation : 25 min
Repos : 1 h
Cuisson : 10 min

Pour une trentaine de petits cœurs : 300 g de sucre en poudre • 3 jaunes d'œuf • 1 cuil. à soupe de lait • 1 cuil. à soupe bombée de pâte de pistaches • 1 gousse de vanille • 30 g d'amandes hachées • 1 pincée de sel fin • 300 g de beurre ramolli • 500 g farine

Dans un saladier, fouettez le sucre et les œufs jusqu'à ce que le mélange blanchisse et soit mousseux. Faites chauffer le lait sur feu doux et délayez-y la pâte de pistaches. Fendez la vanille en deux et grattez l'intérieur pour récupérer les petites graines noires. Ajoutez au lait à la pistache les amandes hachées, les graines de vanille, le sel et le beurre. Mélangez doucement.
Ajoutez la farine et travaillez la pâte afin d'obtenir une boule. Enveloppez-la de film alimentaire et réservez-la au frais 1 heure.
Préchauffez le four à 180 °C (th. 6). Sur le plan de travail fariné, étalez la pâte sur 5 mm d'épaisseur et découpez les biscuits avec un emporte-pièce en forme de cœur. Enfournez et laissez cuire 10 minutes.

Vous pouvez confectionner des biscuits fourrés en plaçant un peu de ganache à la pistache (voir p. 142) entre deux petits cœurs. N'hésitez pas à ajouter à la pâte des pistaches non salées, mondées et hachées.

petits-crème

Préparation : 20 min
Repos : 1 h
Cuisson : 15 min

Pour une quinzaine de petits-crème : 200 g de farine • 1 cuil. à café de levure • 1 cuil. à café de fleur de sel • 40 g de sucre en poudre • 80 g de beurre mou • 10 cl de crème fraîche épaisse

Dans un saladier, mélangez la farine, la levure, le sel et le sucre. Ajoutez le beurre mou, préalablement détaillé en morceaux, et travaillez la pâte du bout des doigts afin d'obtenir un mélange sableux. Ajoutez la crème et travaillez la pâte jusqu'à ce que vous obteniez une boule homogène. Enveloppez-la dans du film alimentaire et laissez-la reposer 1 heure au frais.
Préchauffez le four à 180 °C (th. 6). Sur le plan de travail fariné, étalez la pâte sur 5 mm d'épaisseur et découpez-la avec des emporte-pièce de différentes formes. Disposez les biscuits sur la plaque du four couverte de papier sulfurisé. Enfournez et laissez cuire pendant 15 minutes, jusqu'à ce que les petits-crème soient dorés.

Ne soyez pas surpris par la consistance de ces biscuits : ils ne seront pas aussi croquants que des petits-beurre ; la crème leur donne une consistance tout à fait fondante.

meringues
aux amandes

Préparation : 15 min
Cuisson : 1 h

Pour une trentaine de meringues moyennes : 5 blancs d'œuf • 1 pincée de sel • 20 g de sucre en poudre • 125 g de sucre glace • 125 g de sucre en poudre • 30 g d'amandes effilées

Préchauffez le four à 110 °C (th. 3-4). À l'aide d'un fouet électrique, battez les blancs d'œuf avec la pincée de sel. Lorsqu'ils commencent à prendre, ajoutez les 20 g de sucre en poudre tout en continuant à fouetter jusqu'à ce qu'ils soient bien fermes. Sans cesser de fouetter, ajoutez petit à petit le sucre glace, puis le sucre poudre en pluie. Fouettez jusqu'à ce que vous obteniez un appareil à meringue lisse et brillant.
Sur la plaque du four recouverte de papier sulfurisé, dressez des meringues à l'aide d'une cuillère à soupe. Saupoudrez chacune d'elles de quelques amandes effilées, enfournez et laissez cuire pendant 1 heure. À la sortie du four, les meringues doivent sonner creux. Laissez-les refroidir avant de les décoller du papier sulfurisé.

Les meringues obtenues seront bien sèches et dorées ; si vous les voulez croustillantes à l'extérieur mais avec un cœur fondant, réduisez la cuisson à 35 ou 40 minutes.

sucre glace

petits fourrés au café

Préparation : 25 min
Repos : 1 h
Cuisson : de 10 à 12 min

Pour une quinzaine de biscuits
80 g de sucre en poudre
1 sachet de sucre vanillé
130 g de beurre mou
2 jaunes d'œuf
250 g de farine
1 pincée de sel

Pour la ganache au café :
5 cl de crème
2 cuil. à café bombées de café
lyophilisé
100 g de chocolat blanc
1 cuil. à soupe de beurre mou

Battez le sucre, le sucre vanillé et le beurre ramolli jusqu'à ce que le mélange blanchisse et devienne crémeux. Incorporez les jaunes d'œuf un par un, ainsi que la farine et le sel. Travaillez la pâte afin de former une boule, enveloppez-la de film alimentaire et réservez 1 heure au frais.
Préparez la ganache au café : versez la crème dans une casserole, ajoutez le café soluble, mélangez et portez à ébullition. Coupez le chocolat blanc en petits morceaux dans un saladier. Versez la crème au café bouillant sur le chocolat en trois fois, et mélangez la préparation à l'aide d'une spatule. Lorsque le chocolat est fondu, ajoutez le beurre et mélangez jusqu'à ce qu'il soit complètement fondu. Réservez au frais.
Préchauffez le four à 180 °C (th. 6). Étalez la pâte finement sur le plan de travail fariné et découpez dedans des biscuits à l'aide d'un emporte-pièce de 5 cm de diamètre. Disposez-les sur la plaque du four recouverte de papier sulfurisé et piquez-les avec une fourchette. Enfournez et faites cuire de 10 à 12 minutes. Laissez refroidir les biscuits hors du four avant de les garnir.
Remplissez une poche à douille de ganache au café et disposez une spirale de crème sur la moitié des biscuits. Recouvrez ces derniers avec les biscuits restants afin de former des sandwichs. Conservez les gâteaux fourrés au frais jusqu'au moment de les déguster.

Pour que la ganache soit plus facile à travailler, placez-la dès la fin de la préparation dans la poche à douille et réservez celle-ci au frais.

ricciarelli

Préparation : 20 min
Cuisson : de 15 à 18 min

Pour une trentaine de ricciarelli
250 g de sucre en poudre
350 g de poudre d'amandes
le zeste râpé d'une orange non traitée
1 cuil. à café de vanille en poudre
2 blancs d'œuf
1 pincée de sel
sucre glace

Préchauffez le four à 140 °C (th. 4-5). Dans un saladier, mélangez le sucre, la poudre d'amandes, le zeste et la vanille en poudre. Dans un autre saladier, battez les œufs en neige. Lorsqu'ils commencent à être fermes, ajoutez la pincée de sel et fouettez à nouveau. Incorporez-les au mélange précédent, en mélangeant bien afin d'obtenir une pâte homogène.

Saupoudrez généreusement de sucre glace le plan de travail et étalez-y la pâte à la main sur 1 cm d'épaisseur. Détaillez la pâte en losanges de 4 cm de long et disposez-les sur la plaque du four recouverte de papier sulfurisé.

Saupoudrez les losanges de pâte de sucre glace, enfournez et faites cuire de 15 à 18 minutes. Au terme de la cuisson, laissez refroidir les biscuits et décollez-les à l'aide d'une spatule.

Surveillez attentivement la cuisson : les biscuits gonflent, mais doivent rester très clairs. Attendez que les ricciarelli soient complètement refroidis avant de les manipuler, car ils sont très fragiles.

zeste d'orange

sablés à la vanille

Préparation : 15 min
Repos : 1 h
Cuisson : 10 min

Pour une trentaine de petits sablés
1 gousse de vanille
150 g de sucre en poudre
2 jaunes d'œuf
1 petite cuil. à soupe d'eau
1 pincée de sel fin
150 g de beurre mou
250 g de farine

Fendez la gousse de vanille en deux dans le sens de la longueur et grattez l'intérieur de façon à récupérer les petites graines noires. Dans un saladier, versez le sucre, les jaunes d'œuf battus avec l'eau, les graines de vanille, le sel et le beurre mou, préalablement détaillé en dés. Mélangez le tout lentement.

Ajoutez doucement la farine en malaxant avec une main. Travaillez la pâte afin de former une boule homogène et compacte. Enveloppez-la de film alimentaire et réservez-la 1 heure au frais.

Préchauffez le four à 180 °C (th. 6). Sur le plan de travail fariné, étalez la pâte soigneusement et découpez-la à l'aide d'un emporte-pièce. Disposez les biscuits sur la plaque du four recouverte de papier sulfurisé, enfournez et laissez cuire pendant 10 minutes.

Avant de les décoller du papier sulfurisé à l'issue de la cuisson, laissez les sablés refroidir complètement de façon qu'ils durcissent (ils sont très fragiles à la sortie du four, quand ils sont encore chauds).

pâte sablée

sablés
au pralin

Préparation : 15 min
Repos : 1 h
Cuisson : de 10 à 12 min

Pour une trentaine de sablés : 240 g de farine • 120 g de sucre glace • 50 g de pralin • 125 g de beurre mou • 1 œuf • 1 cuil. à café de vanille liquide

Dans un saladier, mélangez la farine, le sucre glace et le pralin. Coupez le beurre ramolli en morceaux et incorporez-le au mélange précédent, en travaillant la pâte du bout des doigts jusqu'à ce qu'elle soit sableuse. Incorporez l'œuf ainsi que la vanille liquide, et mélangez jusqu'à ce que la pâte soit homogène et forme une boule. Enveloppez-la dans du film alimentaire et réservez-la 1 heure au frais.
Préchauffez le four à 180 °C (th. 6). Sur le plan de travail fariné, étalez la pâte sur une épaisseur de 5 mm et découpez des sablés à l'aide d'un emporte-pièce de 5 cm de diamètre. Disposez les biscuits sur la plaque du four recouverte de papier sulfurisé, enfournez et faites cuire pendant 10 à 12 minutes. Au terme de la cuisson, sortez les biscuits du four et laissez-les refroidir avant de les décoller de la plaque.

Le pralin est un mélange de noisettes et d'amandes caramélisées ; vous en trouverez au supermarché au rayon des farines ou à celui des produits pour la pâtisserie.

spritz

Préparation : 20 min
Cuisson : 10 min

Pour 35 biscuits environ : 175 g de beurre mou • 125 g de sucre • 1 pincée de sel • 1 cuil. à café de vanille en poudre • 1 œuf • 250 g de farine • 60 g de poudre d'amandes

Dans un saladier, battez le beurre ramolli avec le sucre, le sel et la vanille en poudre jusqu'à ce que le mélange devienne crémeux. Incorporez l'œuf et la moitié de la farine, en travaillant la pâte à l'aide d'une cuillère en bois. Ajoutez ensuite le reste de la farine et la poudre d'amandes, et travaillez la pâte du bout des doigts jusqu'à ce qu'elle forme une boule homogène.
Préchauffez le four à 180 °C (th. 6). Garnissez une poche à douille cannelée avec la préparation précédente et dressez les biscuits sur la plaque du four recouverte de papier sulfurisé. Pour former chaque biscuit, tracez avec la pâte deux ou trois zigzags très serrés.
Enfournez et laissez cuire pendant 10 minutes, en surveillant soigneusement la cuisson car les spritz doivent garder une couleur claire. Laissez-les refroidir sur une grille.

Vous pouvez réaliser une variante de ces biscuits viennois et les rendre plus gourmands en les trempant pour moitié dans 100 g de chocolat noir, préalablement fondu au bain-marie.

serpentins aux noix et à la vanille

Préparation : 40 min
Cuisson : de 8 à 10 min par fournée

Pour une soixantaine de serpentins
1 gousse de vanille
230 g de beurre mou
90 g de sucre glace
1 pincée de sel
1 blanc d'œuf
200 g de farine
70 g de cerneaux de noix moulus
sucre glace ou cacao pour saupoudrer

Fendez la gousse de vanille en deux dans le sens de la longueur et grattez l'intérieur avec la pointe d'un couteau pour récupérer les graines. Dans un saladier, fouettez le beurre ramolli, le sucre glace, le sel et les graines de vanille jusqu'à ce que le mélange blanchisse et devienne crémeux. Ajoutez le blanc d'œuf et fouettez de nouveau afin d'obtenir une préparation onctueuse. Ajoutez alors la farine et les noix moulues, en mélangeant délicatement avec une cuillère en bois.

Préchauffez le four à 200 °C (th. 6-7). Garnissez une poche à douille cannelée avec la préparation et dressez des petits serpentins de pâte sur la plaque du four recouverte de papier sulfurisé. Veillez à bien espacer les biscuits sur la plaque, car ils s'étaleront à la cuisson. Enfournez-les et laissez-les cuire pendant 8 à 10 minutes, jusqu'à ce qu'ils commencent à dorer. Sortez les biscuits du four et laissez-les refroidir, puis saupoudrez-les de sucre glace ou de cacao en poudre.

Vous pouvez ajouter des noix hachées à la préparation. Vous pouvez également tremper la moitié des serpentins dans du chocolat blanc fondu au bain-marie pour les glacer partiellement.

amandines
aux mirabelles

Préparation : 20 min
Cuisson : de 20 à 25 min

Pour 12 petites amandines : 24 mirabelles • 2 œufs • 100 g de sucre en poudre • 1 pincée de sel • 1 sachet de sucre vanillé • 60 g de beurre mou • 80 g de farine • 1 cuil. à café de levure • 50 g de poudre d'amandes • beurre pour les moules • 40 g d'amandes effilées

Préchauffez votre four à 180 °C (th. 6). Lavez les mirabelles, dénoyautez-les et réservez.
Battez les œufs avec le sucre jusqu'à ce que le mélange blanchisse. Ajoutez le sel et le sucre vanillé, et fouettez de nouveau. Travaillez le beurre en pommade et incorporez-le à la préparation précédente. Ajoutez la farine, la levure et la poudre d'amandes, et mélangez énergiquement pour obtenir une pâte lisse et homogène.
Beurrez des petits moules à tartelette dentelés. Garnissez-les aux deux tiers de pâte et répartissez les mirabelles dans les moules, en les enfonçant dans la pâte. Saupoudrez d'amandes effilées, enfournez et laissez cuire pendant 20 à 25 minutes.

Vous pouvez, à partir de cette recette, réaliser des tartelettes amandines : disposez un fond de pâte sablée dans les moules beurrés, puis procédez de la même façon qu'expliqué ci-dessus.

beignets
de pomme
de Pierrick

Préparation : 15 min
Repos : 6 h
Cuisson : 5 min

Pour une quinzaine de beignets : 125 g de farine • 1 pincée de sel • 2 œufs • 25 cl de lait • 3 pommes • sucre en poudre pour saupoudrer

Dans un saladier, préparez une pâte à crêpes épaisse. Mélangez la farine et le sel, creusez un puits et ajoutez les œufs battus. Mélangez énergiquement pour obtenir une préparation lisse et sans grumeaux. Ajoutez le lait petit à petit, en continuant de mélanger.
Épluchez les pommes sans les couper, enlevez le cœur avec un vide-pomme et tranchez-les en rondelles de 5 mm d'épaisseur environ. Laissez-les mariner 6 heures dans la pâte.
Faites cuire les rondelles de pomme une par une à la poêle, dans du beurre salé, comme des crêpes. Servez au fur et à mesure, après avoir saupoudré de sucre en poudre.

Vous pouvez ajouter à la pâte à beignets de l'alcool (rhum, Grand Marnier ou calvados de préférence). S'il vous reste de la pâte, ajoutez du lait pour la délayer et réalisez des crêpes.

mirabelle

banouchoffee

Préparation : 25 min
Cuisson : 10 min

Pour une quinzaine de bouchées
façon banoffee pies
2 bananes
confiture de lait
20 cl de crème liquide
20 g de sucre en poudre
cacao en poudre pour saupoudrer

Pour la pâte :
150 g de farine
1 cuil. à café de vanille en poudre
65 g de sucre en poudre
1 pincée de sel
½ sachet de levure
1 œuf + 1 jaune
90 g de beurre

Commencez par la pâte. Dans un saladier, mélangez la farine, la vanille en poudre, le sucre, le sel et la levure. Formez un puits, ajoutez l'œuf et le jaune, et travaillez la pâte rapidement. Faites fondre doucement le beurre et incorporez-le à la préparation. Pétrissez la pâte du bout des doigts jusqu'à ce qu'elle soit complètement homogène. Formez un boudin de pâte bien régulier de 3 à 4 cm de diamètre et enveloppez-le dans du film alimentaire.

Préchauffez le four à 180 °C (th. 6). Découpez le boudin de pâte en rondelles de 5 mm d'épaisseur et disposez-les sur la plaque du four recouverte de papier sulfurisé. Enfournez les palets et faites-les cuire pendant 10 minutes, puis laissez-les refroidir.

Épluchez les bananes et détaillez-les en fines rondelles. Recouvrez chaque palet avec de la confiture de lait, et surmontez le tout de deux ou trois rondelles de banane.

Fouettez la crème liquide dans un saladier. Lorsqu'elle commence à prendre, ajoutez le sucre tout en continuant à fouetter jusqu'à ce que la chantilly soit très ferme. Recouvrez-en les bananes et saupoudrez généreusement le tout de cacao à l'aide d'une passoire à thé.

Pour obtenir une chantilly bien ferme, placez les fouets et le saladier au congélateur pendant 30 minutes au moins. Vous pouvez également incorporer en même temps que le sucre du fixateur pour chantilly, que vous trouverez au rayon des farines dans les supermarchés.

banane

bâtonnets
au riz soufflé et aux canneberges

Préparation : 15 min
Repos : 30 min
Cuisson : 5 min

Pour environ 15 bâtonnets : 4 cuil. à soupe de miel liquide • 2 cuil. à soupe de cassonade • 80 g de riz soufflé • 40 g de pistaches mondées non salées • 40 g de canneberges séchées

Dans une casserole, faites chauffer doucement le miel et le sucre jusqu'à ébullition, puis laissez cuire quelques minutes, comme pour un caramel.

Retirez du feu, laissez refroidir 5 minutes et ajoutez le riz soufflé, les pistaches et les canneberges. Mélangez bien et mettez la préparation dans un moule sur une épaisseur de 3 ou 4 cm. Réservez au frais le temps que le caramel durcisse.

Démoulez la plaque et découpez-la en bâtonnets. En attendant de les déguster, conservez ces derniers au frais.

En utilisant des petits moules souples ou bien un bac à glaçons en silicone, vous obtiendrez des formes individuelles ; de plus, le caramel se décollera parfaitement. Si vous n'avez pas de moule, vous pouvez tout à fait utiliser pour cette recette des boîtes en plastique. Enfin, il est possible d'ajouter toutes sortes de fruits séchés à cette préparation : fraises, kiwis, abricots…

doigts de fée
aux canneberges

Préparation : 15 min
Cuisson : de 8 à 10 min

Pour 25 biscuits : 2 bananes mûres • 1 œuf • 100 g de beurre mou • 100 g de cassonade • 12 cl de lait • 2 cuil. à café de vanille en poudre • 100 g de farine • 150 g de flocons d'avoine • 2 cuil. à café de cannelle en poudre • 1 cuil. à café de bicarbonate de sodium • 125 g de canneberges séchées

Préchauffez le four à 180 °C (th. 6). Écrasez les bananes à la fourchette. Dans un saladier, battez l'œuf et le beurre ramolli, préalablement coupé en morceaux. Ajoutez la cassonade, le lait et la vanille, et mélangez bien. Ajoutez la banane écrasée et mélangez de nouveau.

Dans un autre saladier, mélangez la farine, les flocons d'avoine, la cannelle et le bicarbonate. Incorporez la préparation précédente, en travaillant bien la pâte afin de la rendre homogène. Ajoutez enfin les canneberges.

Sur la plaque du four recouverte de papier sulfurisé, disposez des petits tas de pâte (d'environ 2 cuillerées à soupe) et façonnez-les en bâtonnets de 5 cm de long. Enfournez et laissez cuire pendant 8 à 10 minutes.

Ces biscuits délicieux peuvent être confectionnés sans bananes ni canneberges, juste aromatisés à l'eau de fleur d'oranger. Pour un habit de fête, déposez sur chacun d'eux un morceau de feuille d'or.

boules de coco

Préparation : 15 min

Cuisson : 15 min

Pour une quarantaine de petites boules : 90 g de farine • 1 cuil. à café de levure • 100 g de sucre en poudre • 110 g de noix de coco râpée • 20 g de beurre mou • 1 cuil. à soupe de lait • 1 œuf

Préchauffez le four à 160 °C (th. 5-6). Dans un saladier, mélangez la farine, la levure, le sucre et 90 g de noix de coco. Ajoutez le lait et l'œuf battu, puis incorporez le beurre, préalablement détaillé en morceaux, et pétrissez bien la pâte pour qu'elle soit parfaitement homogène. **M**ettez le reste de noix de coco râpée dans une assiette creuse. Formez des petites boules de pâte dans le creux de votre main, puis roulez-les dans la noix de coco. Disposez-les sur la plaque du four recouverte de papier sulfurisé, enfournez et laissez cuire pendant environ 15 minutes.

Surveillez attentivement la cuisson des boules de coco : elles doivent dorer, mais noircissent rapidement si vous prolongez la cuisson.

carrés coco

Préparation : 15 min

Cuisson : 10 min

Pour une quarantaine de carrés : 60 g de sucre • 60 g de beurre mou • 1 jaune d'œuf • 3 cuil. à soupe de lait • 125 g de farine • 1 cuil. à soupe de levure • 1 pincée de sel • 90 g de noix de coco râpée

Préchauffez le four à 180 °C (th. 6). Dans un saladier, travaillez le sucre et le beurre ramolli pour obtenir un mélange crémeux. Délayez le jaune d'œuf dans 1 cuillerée à soupe de lait et ajoutez-le à la préparation précédente. Ajoutez la farine, la levure, le sel et 60 g de noix de coco, puis pétrissez le tout afin d'obtenir une pâte homogène.

Sur le plan de travail fariné, étalez la pâte en rectangle sur une épaisseur de 5 mm. Badigeonnez-la de lait à l'aide d'un pinceau et saupoudrez-la du reste de noix de coco râpée, puis détaillez-la en carrés de 3 cm de côté environ.

Disposez les carrés coco sur la plaque du four recouverte de papier sulfurisé, enfournez et laissez cuire pendant 10 minutes. Laissez refroidir les biscuits à la sortie du four avant de les déguster.

Utilisez un couteau assez long pour découper les carrés. Bien sûr, vous pouvez aussi découper des formes à votre guise : losanges, triangles, rectangles…

lait

biscuits sandwichs meringués
aux agrumes

Préparation : 30 min
Cuisson : 1 h
Repos : 1 h

Pour 20 biscuits environ

4 blancs d'œuf

1 pincée de sel

300 g de sucre en poudre

125 g de poudre d'amandes

20 g d'amandes effilées

1 citron non traité

½ orange non traitée

250 g de fromage à la crème
(type St-Môret®)

1 cuil. à soupe de miel

1 cuil. à café bombée de gingembre
en poudre

Préchauffez le four à 150 °C (th. 5). Fouettez les blancs d'œuf en neige avec la pincée de sel. Lorsqu'ils sont bien fermes et forment des pics, ajoutez doucement le sucre en poudre et continuez de fouetter pour obtenir un appareil à meringue lisse et brillant. Incorporez la poudre d'amandes, en mélangeant avec délicatesse pour homogénéiser l'ensemble.

Sur la plaque du four recouverte de papier sulfurisé, déposez 1 cuillerée à soupe de meringue et étalez-la avec le dos de la cuillère pour former un disque régulier de 5 cm de diamètre environ, puis déposez quelques amandes effilées dessus. Répétez l'opération une quarantaine de fois. Enfournez et laissez cuire 1 heure, jusqu'à ce que les biscuits soient dorés.

Pendant ce temps, préparez la garniture. Prélevez le zeste du citron et de la demi-orange à l'aide d'une petite râpe. Mélangez avec précaution dans un saladier le fromage à la crème, les zestes de citron et d'orange, le miel et le gingembre en poudre. Réservez 1 heure au frais.

Lorsque les meringues sont cuites, laissez-les refroidir, puis garnissez la moitié d'entre elles avec la crème au gingembre et aux agrumes, et recouvrez-les des meringues non garnies pour former les biscuits sandwichs.

La cuisson des meringues est relativement délicate. Votre four ne doit pas être trop chaud ; si c'est le cas, les biscuits doivent être dorés et se détacher facilement du papier. Pour savoir s'ils sont bien cuits, frappez-les doucement : s'ils produisent un son creux, la cuisson est parfaite.

gingembre

biscuits spirales aux dattes,
à l'orange et aux amandes

Préparation : 30 min
Repos : 1 h 30
Cuisson : de 17 à 21 min

Pour une cinquantaine de biscuits spirales
180 g de dattes hachées
20 cl de jus d'orange
1 cuil. à café de zeste d'orange râpé
50 g de sucre en poudre
75 g d'amandes hachées très finement

Pour la pâte :
150 g de beurre
100 g de sucre en poudre
200 g de cassonade
2 œufs
350 g de farine
¼ de cuil. à café de sel
¼ de cuil. à café de bicarbonate de sodium
1 cuil. à café bombée de levure
2 cuil. à café de zeste d'orange râpé

Dans une casserole, faites cuire les dattes avec le jus d'orange, le zeste et le sucre pendant 5 à 6 minutes. Mettez hors du feu, ajoutez les amandes hachées et laissez le mélange refroidir.

Fouettez le beurre avec le sucre jusqu'à ce que le mélange blanchisse et devienne mousseux. Ajoutez la cassonade, les œufs (un par un), la farine, le sel, le bicarbonate, la levure et le zeste d'orange. Travaillez la pâte jusqu'à ce qu'elle forme une boule, enveloppez-la dans du film alimentaire et réservez 1 heure au frais.

Divisez la pâte en deux et, sur le plan de travail fariné, étalez les deux pâtons en forme de rectangle de 5 mm d'épaisseur. Répartissez la préparation aux dattes sur les abaisses de pâte et roulez celles-ci en serrant bien, comme pour faire un biscuit roulé. Enveloppez chacun des rouleaux dans du film alimentaire et placez-les pendant 30 minutes au congélateur.

Préchauffez le four à 180 °C (th. 6). Détaillez les rouleaux en tranches de 1 cm d'épaisseur environ, disposez-les sur la plaque du four recouverte de papier sulfurisé et enfournez pour 12 à 15 minutes.

Lorsque vous roulez les biscuits sur eux-mêmes, veillez à serrer au maximum afin que le fourrage aux dattes colle bien à la pâte et que la spirale se forme correctement à la cuisson.

datte

lunettes à la confiture

Préparation : 15 min
Repos : 1 h
Cuisson : 10 min

Pour 8 lunettes
120 g de beurre mou
65 g de sucre en poudre
1 œuf
250 g de farine
2 cuil. à café de levure
1 pincée de sel
confiture de fraises
sucre glace

Dans un saladier, battez le beurre ramolli avec le sucre jusqu'à ce que le mélange blanchisse et devienne crémeux. Ajoutez l'œuf et continuez de battre. Incorporez la farine, la levure et le sel, et travaillez la pâte jusqu'à ce qu'elle forme une boule homogène. Entourez-la de film alimentaire et laissez-la reposer 1 heure au frais.

Préchauffez le four à 180 °C (th. 6). Sur le plan de travail fariné, étalez finement la pâte et découpez les biscuits à l'aide d'un grand emporte-pièce cranté rond ou ovale. Disposez les biscuits sur la plaque du four recouverte de papier sulfurisé et, sur la moitié d'entre eux, formez deux trous d'environ 2 cm de diamètre.

Enfournez et laissez cuire pendant 10 minutes. À l'issue de la cuisson, sortez les biscuits du four et laissez-les refroidir sur une grille. Recouvrez ensuite de confiture chaque biscuit plein, et posez par-dessus un biscuit troué. Appuyez pour faire ressortir la confiture et saupoudrez de sucre glace.

Vous pouvez utiliser toutes sortes de confitures pour cette recette, maison ou du commerce, aux fruits rouges ou jaunes ; c'est à votre convenance !

fraise

bouchées meringuées
à la mangue

Préparation : 35 min
Repos : 1 h
Cuisson : de 25 à 30 min

Pour une quarantaine de biscuits
75 g de mangue confite
1 citron non traité
150 g de farine
1 cuil. à café de levure
1 pincée de sel
1 jaune d'œuf
100 g de beurre mou

Pour la meringue :
2 blancs d'œuf
2 cuil. à soupe de jus de citron
200 g de sucre en poudre
2 cuil. à café de fécule

Hachez finement la mangue confite. Prélevez le zeste du citron à l'aide d'une petite râpe. Dans un saladier, mélangez la farine, la levure, le sel, le zeste de citron, la mangue confite et le jaune d'œuf. Coupez le beurre mou en petits morceaux et incorporez-le à la pâte en pétrissant du bout des doigts. Formez une boule de pâte, enveloppez-la dans du film alimentaire et réservez 1 heure au frais.
Sur le plan de travail fariné, découpez à l'aide d'un emporte-pièce des cercles de 4 cm de diamètre environ. Disposez-les sur la plaque à pâtisserie, recouverte de papier sulfurisé. Préchauffez le four à 150 °C (th. 5).
Préparez la meringue : dans un saladier, battez les blancs d'œuf en neige ferme, puis ajoutez le jus de citron et le sucre, petit à petit, tout en continuant de fouetter. Incorporez ensuite la fécule en une seule fois, et continuez de fouetter.
Garnissez une poche à douille cannelée de ce mélange et garnissez chaque biscuit de meringue en formant une spirale. Enfournez et faites cuire pendant 25 à 30 minutes. Laissez refroidir avant de déguster.

Vous pouvez réaliser cette recette avec toutes sortes de fruits secs ou confits. Veillez à bien monter les blancs d'œuf en neige avant d'incorporer le reste des ingrédients, pour que la meringue ne soit pas trop difficile à travailler.

mangue

bouchées
à la pêche blanche, à la pistache et à l'huile d'olive

Préparation : 15 min
Cuisson : de 25 à 30 min

Environ 8 petits gâteaux : 2 pêches blanches • 170 g de farine • ½ sachet de levure • 50 g d'amandes en poudre • 125 g de sucre en poudre • 1 cuil. à café de cardamome en poudre • 2 œufs • 1 yaourt • 8 cl d'huile d'olive • 40 g de pistaches mondées non salées • beurre pour les moules • sucre glace pour saupoudrer

Préchauffez votre four à 180 °C (th. 6). Lavez les pêches, épluchez-les et découpez-les en quartiers.
Dans un saladier, mélangez la farine, la levure, les amandes, le sucre et la cardamome. Ajoutez les œufs battus, le yaourt et l'huile d'olive. Mélangez énergiquement pour obtenir une pâte lisse, puis ajoutez les pistaches.
Beurrez des moules individuels. Déposez au fond de chacun deux petits quartiers de pêche blanche et recouvrez-les avec la pâte.
Enfournez et laissez cuire de 25 à 30 minutes, jusqu'à ce que les gâteaux soient bien dorés. Laissez-les refroidir et saupoudrez-les de sucre glace.

Pour donner un petit goût caramélisé à vos gâteaux, vous pouvez, une fois qu'ils sont cuits et refroidis, les saupoudrer d'un peu de cassonade et les faire dorer 2 à 3 minutes sous le gril du four.

petits clafoutis
aux framboises

Préparation : 10 min
Cuisson : 25 min

Pour 8 clafoutis individuels : 50 g de farine • 90 g de sucre en poudre • 1 pincée de sel • 1 pincée de poudre de vanille • 2 œufs • 20 cl de lait entier • 150 g de framboises

Préchauffez le four à 200 °C (th. 6-7). Dans un saladier, mélangez la farine, le sucre, le sel et la vanille en poudre. Ajoutez les œufs battus, puis le lait, et mélangez à nouveau. Versez la pâte dans des moules à muffin en papier et répartissez-y les framboises.
Enfournez et laissez cuire pendant 25 minutes, en surveillant la cuisson attentivement.

Vous pouvez déguster ces petits clafoutis froids ou bien tièdes, directement dans les moules en papier. Il est inutile d'essayer de les démouler, la préparation à clafoutis ne le permet pas.

pêche blanche

délices
aux prunes
et aux noix

Préparation : 15 min
Cuisson : 30 min

Pour 6 petits gâteaux : 75 g de farine • ½ sachet de levure • 100 g de poudre d'amandes • 150 g de sucre en poudre • 150 g de beurre mou • 15 quetsches • 50 g de cerneaux de noix • 3 œufs • beurre pour les moules

Préchauffez le four à 180 °C (th. 6). Dans un saladier, mélangez la farine, la levure et la poudre d'amandes. Dans un autre saladier, battez le sucre et le beurre jusqu'à ce que le mélange blanchisse et devienne mousseux, ajoutez les œufs et mélangez à nouveau. Incorporez le mélange sec et mélangez doucement à l'aide d'une spatule.
Lavez les quetsches et dénoyautez-les, puis coupez-les en quatre. Jetez-les dans la pâte avec les cerneaux de noix, et mélangez de nouveau.
Beurrez des petits moules à dariole et versez-y la pâte. Enfournez et laissez cuire pendant 30 minutes, puis vérifiez la cuisson à l'aide de la lame d'un couteau : si elle ressort sèche quand vous piquez les gâteaux, sortez ces derniers du four ; si elle est humide, prolongez la cuisson de quelques minutes.

Vous pouvez remplacer la poudre d'amandes par de la poudre de noisettes, ce qui donnera un goût un peu plus automnal à ces petits gâteaux.

petites folies
à la datte
et au citron

Préparation : 20 min
Cuisson : de 8 à 10 min

Pour une trentaine de biscuits : 35 g de dattes dénoyautées • 100 g de farine • 1 pincée de sel • ½ cuil. à café de bicarbonate de sodium • 100 g de beurre • 35 g de cassonade • 1 cuil. à soupe de zeste de citron râpé • 2 blancs d'œuf • 75 g de flocons d'avoine

Préchauffez le four à 200 °C (th. 6-7). Hachez les dattes finement. Dans un saladier, mélangez la farine, le sel et le bicarbonate, et réservez. Dans un autre saladier, fouettez le beurre et la cassonade jusqu'à ce que le mélange devienne crémeux. Ajoutez le zeste de citron ainsi que les blancs d'œuf. Tout en continuant à fouetter, incorporez petit à petit le mélange précédent jusqu'à ce que la préparation soit homogène. Ajoutez enfin les flocons d'avoine et les dattes hachées. Mélangez le tout avec une spatule.
Sur la plaque du four recouverte de papier sulfurisé, déposez des petits tas de pâte, en veillant à bien les espacer pour éviter qu'ils se chevauchent à la cuisson. Enfournez et faites cuire pendant 8 à 10 minutes, jusqu'à ce que les biscuits commencent à dorer. Laissez-les ensuite refroidir sur une grille.

N'hésitez pas à déguster ces biscuits avec un filet de miel ou une tisane aromatisée à la fleur d'oranger.

carrot cakes

Préparation : 15 min
Repos : 2 h
Cuisson : 45 min

Pour 6 mini-cakes
4 œufs
150 g de sucre blond ou roux
1 citron non traité
60 g de farine
1 sachet de levure
½ cuil. à café de sel
200 g de poudre d'amandes
1 cuil. à café rase de cannelle en poudre
300 g de carottes finement râpées
10 g de beurre pour les moules

Pour le glaçage :
1 blanc d'œuf
175 g de sucre glace
½ citron jaune

Préchauffez le four à 180 °C (th. 6). Prélevez le zeste du citron à l'aide d'une petite râpe, puis pressez le fruit. Cassez les œufs en séparant les jaunes des blancs.

Dans un saladier, battez les jaunes d'œuf et le sucre jusqu'à ce que le mélange blanchisse et devienne mousseux. Ajoutez la farine, la levure, le sel, les amandes en poudre, la cannelle, le zeste de citron, les carottes râpées et le jus de citron. Mélangez pour obtenir un ensemble homogène.

Dans un autre saladier, montez les blancs d'œuf en neige et incorporez-les délicatement en trois fois à la préparation précédente. Beurrez des petits moules à cake (longs de 10 cm) et répartissez-y la pâte, puis enfournez et laissez cuire pendant 45 minutes. À l'issue de la cuisson, laissez les cakes refroidir avant de les démouler.

Préparez le glaçage : dans un bol, fouettez le blanc d'œuf avec le sucre glace et le jus du demi-citron jusqu'à ce que le mélange devienne homogène et mousseux. Versez le glaçage sur les gâteaux, lissez-le à l'aide d'une spatule et laissez-le sécher 2 heures.

Vous pouvez conserver ces gâteaux plusieurs jours ; ils seront d'ailleurs bien meilleurs le lendemain, et le glaçage sera réellement sec.

sucre roux

meringues kisses à la fraise

Préparation : 25 min
Repos : 30 min
Cuisson : 45 min

**Pour une trentaine
de meringues kisses**
3 blancs d'œuf
1 pincée de sel
20 g de sucre en poudre
65 g de sucre glace
60 g de sucre en poudre

Pour la ganache :
10 petites fraises (mara des bois)
250 g de chocolat blanc à pâtisser

Préchauffez le four à 110 °C (th. 3-4). À l'aide d'un fouet électrique, battez les blancs d'œuf avec la pincée de sel. Lorsqu'ils commencent à prendre, ajoutez les 20 g de sucre en poudre tout en continuant de fouetter jusqu'à ce qu'ils soient bien fermes. Sans cesser de fouetter, ajoutez alors le sucre glace petit à petit, puis le sucre poudre en pluie, et battez jusqu'à ce que vous obteniez un appareil à meringue lisse et brillant.

Garnissez une poche à douille cannelée de meringue et, sur la plaque du four recouverte de papier sulfurisé, dressez régulièrement des petites meringues de 3 cm de diamètre. Enfournez et laissez cuire pendant 45 minutes, jusqu'à ce que les meringues soient bien sèches. À la sortie du four, laissez-les refroidir avant de les décoller de la plaque.

Lavez les fraises, équeutez-les et mixez-les finement, puis réservez. Faites chauffer le chocolat blanc au bain-marie. Lorsqu'il est bien fondu, ajoutez-le à la purée de fraises et homogénéisez bien l'ensemble. Laissez cette ganache reposer 30 minutes au frais.

Lorsque les meringues sont froides et que la ganache a commencé à prendre, étalez un peu de celle-ci sur la moitié des meringues et couvrez ces dernières avec les autres meringues afin de former des sandwichs.

Il est important de faire prendre la ganache un peu au frais ; si vous ne le faites pas, les meringues vont glisser sur le chocolat et le sandwich ne tiendra pas.

chocolat blanc

petits cubes pomme et avoine

Préparation : 15 min
Cuisson : 25 min

Pour une trentaine de petits cubes
30 g de pommes séchées
200 g de cassonade
75 g de noix de coco râpée
2 cuil. à soupe de farine
1 cuil. à café de levure
2 cuil. à soupe de poudre d'amandes
½ cuil. à café de sel
200 g de flocons d'avoine
100 g de beurre mou
1 sachet de sucre vanillé
sucre glace pour saupoudrer

Préchauffez le four à 150 °C (th. 5). Détaillez les pommes séchées en dés.

Mélangez la cassonade, la noix de coco, la farine, la poudre d'amandes, la levure, le sel, les flocons d'avoine et les pommes séchées dans un saladier. Détaillez le beurre ramolli en petits morceaux et incorporez-le, ainsi que le sucre vanillé, au mélange précédent. Travaillez l'ensemble du bout des doigts jusqu'à ce que le beurre soit bien incorporé.

Versez la pâte dans un moule carré (sans ajout de matière grasse), étalez la pâte et lissez la surface à l'aide d'une spatule. Enfournez et laissez cuire pendant 25 minutes, jusqu'à ce que les biscuits soient bien dorés.

Lorsque la cuisson est terminée, sortez le gâteau du four et laissez refroidir. Démoulez-le ensuite, découpez-le en petits cubes et saupoudrez ces derniers de sucre glace.

Pour couper sans peine les cubes de pâte, utilisez un couteau préalablement beurré ou passez le couteau sous l'eau très chaude pendant quelques secondes. Surtout, attendez que le gâteau soit complètement refroidi avant de le détailler.

flocon d'avoine

mini-pancakes
aux myrtilles

Préparation : 10 min
Repos : 1 h
Cuisson : 5 min par pancake

Pour une trentaine de mini-pancakes : 4 œufs • 30 cl de lait • 300 g de farine • 4 cuil. à soupe de sucre • 1 pincée de sel • ½ sachet de levure • 100 g de myrtilles

Cassez les œufs en séparant les blancs des jaunes. Battez les jaunes avec le lait. Ajoutez la farine, le sucre, le sel et la levure, et mélangez énergiquement afin d'éviter les grumeaux. **M**ontez les blancs d'œuf en neige. Lorsqu'ils sont bien fermes, incorporez-les délicatement à la préparation précédente. Lavez les myrtilles et incorporez-les à la pâte. Recouvrez le saladier d'un torchon propre et laissez la pâte reposer pendant au moins 1 heure.
Au moment de servir, graissez une petite poêle (d'un diamètre de 10 cm), versez un peu de pâte et laissez cuire à feu doux jusqu'à ce que de petites bulles se forment à la surface. Retournez alors le pancake et laissez-le cuire 30 secondes de l'autre côté.

Servez les pancakes avec du sirop d'érable ou de la crème fraîche. Si vous ne possédez pas de petite poêle, vous pouvez en utiliser une de taille moyenne : la pâte étant plus épaisse qu'une pâte à crêpes, elle s'étalera moins.

petits gâteaux
de pommes pourries

Préparation : 15 min
Cuisson : de 30 à 35 min

Pour une quinzaine de petits gâteaux : 500 g de pommes • 2 œufs • 75 g de sucre en poudre • 85 g de farine • ½ sachet de levure • 2 cuil. à soupe d'huile neutre • 2 cuil. à soupe de lait • 1 sachet de sucre vanillé

Préchauffez le four à 180 °C (th. 6). Épluchez les pommes et détaillez-les grossièrement en dés. Dans un saladier, fouettez les œufs et le sucre jusqu'à ce que le mélange blanchisse et devienne mousseux. Ajoutez la farine et la levure, et mélangez jusqu'à ce qu'il n'y ait plus de grumeaux. Versez alors l'huile et le lait, mélangez à nouveau, puis ajoutez les dés de pomme.
Répartissez la préparation dans des moules ou des caissettes en papier, enfournez et laissez cuire pendant 30 à 35 minutes. À la sortie du four, saupoudrez les gâteaux de sucre vanillé, puis laissez-les refroidir et dégustez directement dans le moule en papier.

Voici une recette pour utiliser des pommes tombées de l'arbre qui sont abîmées et qu'on ne veut pas jeter, ou des pommes un peu trop mûres oubliées dans le compotier. Vous pouvez y ajouter de la gelée de fruit ou bien 1 cuillerée d'eau-de-vie « à volonté » !

petits gâteaux
fraise-ricotta-anis

Préparation : 20 min
Cuisson : de 25 à 30 min

Pour 12 petits gâteaux : 3 œufs • 200 g de sucre en poudre • 250 g de ricotta • 150 g de farine • 1 cuil. à café d'anis en poudre • 1 pincée de sel • 250 g de fraises • sucre glace pour saupoudrer • beurre pour les moules

Préchauffez le four à 180 °C (th. 6). Cassez les œufs en séparant les blancs des jaunes. Fouettez les jaunes et le sucre jusqu'à ce que le mélange blanchisse. Travaillez la ricotta à la fourchette et ajoutez-la au mélange précédent. Incorporez la farine, en mélangeant énergiquement jusqu'à ce que la pâte soit homogène. Ajoutez alors l'anis en poudre et mélangez.
Fouettez les blancs d'œuf en neige avec une pincée de sel. Lorsqu'ils sont bien fermes, incorporez-les délicatement à la préparation précédente.
Lavez les fraises, équeutez-les et coupez-les en quatre.
Beurrez des moules à muffin, versez-y de la pâte jusqu'aux deux tiers et ajoutez les morceaux de fraise, en les enfonçant dans la pâte. Enfournez et faites cuire durant 25 à 30 minutes, puis laissez les gâteaux refroidir avant de les saupoudrer de sucre glace.

Vous pouvez utiliser de l'anis en graines ou de l'anis étoilé mixé à la place de l'anis en poudre. Vous pouvez aussi ajouter un petit peu d'alcool d'amande dans la pâte.

petits gâteaux
vanille-fraise
pour les filles

Préparation : 20 min
Cuisson : 25 min

Pour 12 gâteaux : 1 gousse de vanille • 15 cl de lait • 100 g de fraises + 12 fraises • 70 g de beurre mou • 100 g de sucre en poudre • 140 g de farine • 1 sachet de levure • 40 g de fécule de maïs • 2 œufs • beurre pour les moules

Préchauffez le four à 180 °C (th. 6). Fendez la gousse de vanille et grattez-la pour récupérer les graines. Portez à ébullition le lait additionné de la gousse et des graines de vanille. Lavez et équeutez les 100 g de fraises, puis coupez-les en deux. Retirez la gousse de vanille et mixez les fraises avec le lait.
Battez le beurre ramolli avec le sucre jusqu'à ce que le mélange blanchisse et devienne crémeux. Ajoutez la farine, la levure et la fécule, et mélangez énergiquement jusqu'à ce que vous obteniez une pâte lisse et homogène. Ajoutez les œufs un par un et mélangez, puis incorporez petit à petit le lait à la fraise, sans cesser de mélanger.
Beurrez des moules à muffin et versez-y la pâte. Lavez les fraises restantes, équeutez-les et enfoncez-en une dans chaque moule à muffin. Enfournez et laissez cuire 25 minutes.

Vous pouvez augmenter la saveur de vanille de ces petits gâteaux en ajoutant 1 cuillerée à soupe de vanille liquide à la préparation.

petits gâteaux
à la mangue et au citron

Préparation : 15 min
Cuisson : de 45 à 50 min

Pour 12 petits gâteaux : 120 g de beurre • 1 mangue • 1 citron non traité • 3 œufs • 120 g de sucre en poudre • 120 g de farine • 5 cuil. à soupe de fécule de pomme de terre • ½ sachet de levure • beurre pour les moules

Préchauffez le four à 180 °C (th. 6). Faites fondre le beurre sur feu doux et réservez. Épluchez la mangue et détaillez-la grossièrement en morceaux. Prélevez le zeste du citron, puis pressez le fruit. À l'aide d'un mixeur, réduisez en purée fine la mangue et le zeste avec le beurre fondu et le jus de citron.

Fouettez les œufs et le sucre dans un saladier jusqu'à ce que le mélange blanchisse et devienne mousseux. Ajoutez la farine, la fécule de pomme de terre et la levure, et mélangez le tout énergiquement afin d'obtenir une pâte homogène. Ajoutez enfin la préparation mixée et mélangez à nouveau.

Versez la pâte dans des moules individuels beurrés, enfournez et faites cuire pendant environ 45 minutes. Au terme de la cuisson, laissez les petits gâteaux refroidir complètement avant de les démouler.

N'hésitez pas à faire ces petits gâteaux dans des moules en silicone avec des formes différentes. La mangue doit être mixée très finement afin de bien s'incorporer à la pâte.

petits gâteaux
légers aux kiwis

Préparation : 20 min
Cuisson : de 25 à 30 min

Pour 8 petits gâteaux : 100 g de farine • 1 sachet de levure • 175 g de cassonade • 75 g de flocons d'avoine • 1 cuil. à soupe bombée de graines de pavot • 30 g de beurre demi-sel mou • 15 cl de lait • 2 kiwis • beurre pour les moules • 2 sachets de sucre vanillé pour saupoudrer

Préchauffez le four à 180 °C (th. 6). Mélangez la farine, la levure, la cassonade, les flocons d'avoine et le pavot. Ajoutez le beurre ramolli en dés et travaillez l'ensemble du bout des doigts pour obtenir une pâte sableuse. Incorporez le lait petit à petit jusqu'à ce que la pâte soit homogène. Épluchez les kiwis, détaillez-les en petits cubes et ajoutez-les délicatement à la pâte.

Beurrez des moules à muffin et versez-y la pâte. Enfournez et laissez cuire de 25 à 30 minutes, en surveillant la cuisson. À la sortie du four, saupoudrez les gâteaux de sucre vanillé.

Prenez soin de bien beurrer vos moules car cette pâte a tendance à accrocher. Vous pouvez confectionner votre propre sucre vanillé, à conserver dans un bocal hermétique : fendez et grattez deux ou trois gousses de vanille, et mélangez les graines ainsi récupérées à votre sucre. Vous pouvez même conserver les gousses dans le bocal.

kiwi

petits gâteaux à l'abricot
et à la lavande

Préparation : 20 min
Repos : 20 min
Cuisson : de 25 à 30 min

Pour 8 petits gâteaux

8 cl d'huile d'olive

15 g de lavande séchée + quelques fleurs pour la décoration

170 g de farine

½ sachet de levure

125 g de sucre en poudre

50 g de poudre d'amandes

2 œufs

1 yaourt nature

4 gros abricots

beurre pour les moules

Préchauffez le four à 180 °C (th. 6). Faites tiédir l'huile d'olive, puis mettez-la hors du feu, ajoutez les fleurs de lavande et laissez infuser 20 minutes. Quand la lavande a infusé et que l'huile a bien refroidi, passez le tout au mixeur jusqu'à ce que vous ne distinguiez plus de morceaux de lavande ; si vous n'y arrivez pas, filtrez l'huile à l'aide d'une passoire fine.

Mélangez la farine, la levure, la poudre d'amandes et le sucre dans un saladier. Incorporez les œufs battus et mélangez bien. Ajoutez ensuite l'huile d'olive à la lavande ainsi que le yaourt, et mélangez de nouveau afin d'obtenir une pâte parfaitement lisse.

Lavez les abricots, coupez-les en deux et dénoyautez-les. Beurrez des petits moules individuels, déposez dans chacun un oreillon d'abricot et répartissez la préparation. Enfournez et laissez cuire pendant 25 à 30 minutes, jusqu'à ce que les biscuits soient bien dorés.

À la sortie du four, laissez les biscuits refroidir quelques minutes avant de les démouler, avec délicatesse, et de les décorer de quelques fleurs de lavande.

Dans la mesure du possible, choisissez des moules dont le fond est le plus proche possible de la taille des demi-abricots afin que la pâte ne passe pas sous les fruits. Beurrez généreusement le fond des moules afin que les abricots n'accrochent en cuisant.

yaourt

petits gâteaux
à la figue et à la vanille

Préparation : 20 min
Repos : 1 h
Cuisson : 25 min

Pour une vingtaine de biscuits
1 gousse de vanille
200 g de farine
½ sachet de levure
50 g de sucre
½ cuil. à café de sel
100 g de beurre mou
7 cl de lait

Pour la garniture :
50 g de beurre
½ cuil. à café de cannelle en poudre
50 g de cassonade
150 g de figues séchées

Préchauffez le four à 180 °C (th. 6). Fendez la gousse de vanille et grattez l'intérieur pour récupérer les graines. **D**ans un saladier, mélangez la farine, la levure, le sucre, les graines de vanille et le sel. Ajoutez le beurre ramolli coupé en morceaux et travaillez l'ensemble du bout des doigts afin d'obtenir un mélange sableux. Ajoutez le lait et pétrissez la pâte jusqu'à ce que vous obteniez une boule. **M**élangez la cannelle et la cassonade. Détaillez les figues en petits dés. Étalez la pâte en un rectangle de 1 cm d'épaisseur sur le plan de travail fariné.

Faites fondre doucement le beurre et badigeonnez-en la pâte, puis saupoudrez-la de sucre à la cannelle et répartissez les morceaux de figue sur toute la surface. Roulez la pâte sur elle-même afin d'obtenir un long rouleau, enveloppez-le dans du papier sulfurisé et réservez pendant 1 heure au frais.

Lorsque la pâte a durci, coupez des tranches de 1 cm environ et disposez-les sur la plaque du four recouverte de papier sulfurisé. Enfournez et faites cuire 25 minutes, puis laissez refroidir avant de déguster.

Faites bien refroidir la pâte afin de la découper en tranches régulières. Vous pouvez ajouter des fruits secs à la préparation, mais aussi des abricots moelleux ou des canneberges séchées.

petits gâteaux d'automne

Préparation : 25 min
Cuisson : 10 min

Pour 6 à 8 gâteaux
60 g de crème épaisse
3 gousses de cardamome
40 g de beurre
100 g de chocolat blanc
400 g de purée de potimarron
80 g de fécule de pomme de terre
2 œufs
2 jaunes d'œuf
6 blancs d'œuf
1 pincée de sel
120 g de sucre en poudre
12 abricots moelleux
beurre pour les moules

Préchauffez le four à 180 °C (th. 6). Dans une casserole, faites chauffer la crème avec les gousses de cardamome, ajoutez le beurre et le chocolat blanc coupé en morceaux. Laissez cuire quelques instants en mélangeant sans cesse, jusqu'à ce que la préparation soit lisse et homogène. Mettez hors du feu et laissez tiédir.

Mixez la purée de potimarron avec la fécule, les œufs entiers et les jaunes. Retirez les gousses de cardamome du mélange à la crème tiédi et ajoutez ce dernier à la préparation au potimarron.

Montez les blancs d'œuf en neige avec la pincée de sel. Lorsqu'ils sont bien fermes, ajoutez le sucre tout en continuant de fouetter, puis incorporez-les délicatement à la préparation précédente.

Coupez les abricots en petits dés et ajoutez-les à la préparation. Beurrez des moules individuels et versez-y la pâte, puis enfournez et faites cuire pendant 10 minutes.

Au terme de la cuisson, laissez les gâteaux refroidir avant de les démouler et de les déguster.

Ces petits gâteaux sont très fondants, à condition que vous ne les laissiez pas trop cuire. Vous pouvez les accompagner d'une poêlée de raisins blancs caramélisés.

potimarron

pains au lait et fraises séchées

Préparation : 20 min
Repos : 2 h 40
Cuisson : 20 min

Pour une quinzaine de petits pains
1 sachet de levure de boulanger
30 cl de lait tiède
600 g de farine
3 cuil. à soupe de sucre en poudre
1 sachet de sucre vanillé
1 cuil. à café de sel
1 œuf
60 g de beurre mou
150 g de fraises séchées

Pour la dorure :
1 jaune d'œuf
2 cuil. à soupe de lait
1 cuil. à soupe de sucre en poudre

Délayez la levure dans le lait tiède et ajoutez une grosse poignée de farine. Mélangez le tout et laissez reposer pendant 30 minutes.

Ajoutez le reste de farine, le sucre, le sucre vanillé, le sel et l'œuf battu, puis pétrissez la pâte. Ajoutez le beurre ramolli coupé en morceaux et pétrissez de nouveau jusqu'à ce que vous obteniez une boule. Recouvrez-la d'un torchon propre et laissez-la reposer dans un endroit chaud pendant 1 h 30.

Détaillez les fraises en petits morceaux. Pétrissez de nouveau la pâte à la main et incorporez-y les fraises séchées. Prélevez des petites boules de pâte, façonnez-les en forme de petits pains et disposez-les au fur et à mesure sur la plaque du four recouverte de papier sulfurisé. Laissez lever pendant 40 minutes.

Préchauffez le four à 200 °C (th. 6-7). Préparez la dorure en mélangeant le jaune d'œuf, le lait et le sucre. À l'aide d'un pinceau, badigeonnez de ce mélange les petits pains, enfournez et laissez-les cuire pendant 20 minutes, jusqu'à ce qu'ils soient dorés.

Vous pouvez bien sûr confectionner cette recette sans fraises séchées pour des petits pains au lait traditionnels ; vous pouvez également remplacer les fraises séchées par tout autre fruit sec, séché ou confit. Soyez patient et laissez reposer la pâte comme indiqué pour donner tout leur moelleux à ces petits pains.

fraise séchée

mini-tartelettes épicées
au citron et aux framboises

Préparation : 30 min
Repos : 1 h
Cuisson : de 12 à 15 min

Pour 25 mini-tartelettes
125 g de farine
1 cuil. à café de bicarbonate de sodium
1 cuil. à café d'épices à pain d'épice
½ cuil. à café de cannelle en poudre
½ cuil. à café de cardamome en poudre
65 g de cassonade
75 g de beurre mou
2 cuil. à soupe de lait
125 g de framboises
sucre glace pour saupoudrer

Pour le lemon curd :
4 beaux citrons
3 œufs
1 cuil. à soupe de Maïzena®
100 g de cassonade
30 g de beurre demi-sel

Mélangez la farine, le bicarbonate, les épices et la casso-nade. Ajoutez le beurre en petits morceaux et travaillez la pâte du bout des doigts pour obtenir un mélange sableux. Ajoutez le lait et pétrissez la pâte afin qu'elle soit souple et homogène. Faites une boule, enveloppez-la de film alimentaire et réservez-la 1 heure au frais.

Pressez les citrons et versez le jus dans une casserole. Ajoutez les œufs battus, la Maïzena® et le sucre, et fouettez vivement. Portez sur feu doux et faites cuire pendant 5 mi-nutes en remuant sans cesse. Quand le mélange com-mence à épaissir, ajoutez le beurre, toujours en remuant. Quand il a épaissi, retirez du feu et laissez refroidir.

Préchauffez le four à 180 °C (th. 6). Sur le plan de travail fariné, étalez la pâte sur 5 mm d'épaisseur et détaillez-la en disques de 3 ou 4 cm de diamètre à l'aide d'un emporte-pièce cannelé. Posez-les sur la plaque du four recouverte de papier sulfurisé, enfournez et laissez cuire de 7 à 10 minutes, en surveillant la cuisson car la pâte noir-cit rapidement. Au terme de la cuisson, sortez les biscuits et laissez-les refroidir sur une grille.

Garnissez une poche à douille cannelée de lemon curd et déposez sur chaque biscuit une spirale de crème. Ajoutez une framboise et saupoudrez de sucre glace au moment de servir.

Le reste de lemon curd se conservera une semaine au réfrigérateur.

cardamome

tartelettes fines
à la nectarine et aux groseilles

Préparation : 25 min
Repos : 1 h
Cuisson : 15 min

Pour 6 tartelettes
60 g de semoule de blé dur
200 g de groseilles
30 g de cassonade
3 ou 4 nectarines
cassonade pour saupoudrer

Pour la pâte sablée à la vanille :
1 gousse de vanille
75 g de sucre en poudre
1 jaune d'œuf
1 petite cuil. à soupe d'eau
75 g de beurre mou
125 g de farine
1 pincée de sel fin

Fendez la gousse de vanille et grattez l'intérieur pour récupérer les petites graines. Versez le sucre dans un saladier et ajoutez le jaune d'œuf battu avec l'eau, les graines de vanille et le beurre ramolli, préalablement coupé en dés. Mélangez le tout lentement, puis ajoutez la farine et le sel en malaxant doucement avec une main. Travaillez l'ensemble afin de former une boule de pâte homogène et compacte. Enveloppez-la dans du film alimentaire et réservez-la pendant 1 heure au frais.

Préchauffez le four à 180 °C (th. 6). Étalez la pâte sablée sur le plan de travail fariné et détaillez-la en disques de 8 cm de diamètre. Disposez ces derniers sur la plaque du four recouverte de papier sulfurisé et saupoudrez-les généreusement de semoule de blé dur.

Lavez les groseilles et écrasez-les grossièrement dans un bol en les mélangeant avec la cassonade. Lavez les nectarines et coupez-les en fines tranches.

Disposez la purée de groseilles sur la semoule de blé dur et ajoutez les tranches de nectarine par-dessus en les disposant en rosace. Saupoudrez de cassonade, enfournez et laissez cuire pendant 15 minutes.

Vous pouvez réaliser des variantes de cette recette avec différents fruits : framboises et pommes, fraises et poires… N'omettez pas de mettre de la semoule de blé dur, qui va absorber le jus rendu par les fruits.

groseille

tartelettes aux fruits rouges curd

Préparation : 25 min
Repos : 1 h
Cuisson : 20 min

Pour 6 tartelettes
300 g de fruits rouges (fraises,
framboises, canneberges…)
1 orange
6 cl d'eau
200 g de sucre en poudre
30 g de beurre
4 œufs
2 cuil. à soupe de Maïzena®
beurre pour les moules

Pour la pâte sablée à la vanille :
1 gousse de vanille
75 g de sucre en poudre
1 jaune d'œuf
1 cuil. à soupe d'eau
75 g de beurre demi-sel mou
125 g de farine
1 pincée de sel fin

Fendez la gousse de vanille et grattez l'intérieur pour récupérer les graines. Versez le sucre dans un saladier et ajoutez le jaune d'œuf battu avec l'eau, les graines de vanille et le beurre ramolli, coupé en dés. Mélangez le tout lentement, puis ajoutez la farine et le sel en malaxant d'une main. Travaillez l'ensemble afin de former une boule de pâte homogène et compacte. Enveloppez-la de film alimentaire et réservez 1 heure au frais.

Préparez le « fruits rouges curd ». Jetez les fruits rouges dans une casserole, ajoutez le jus de l'orange et l'eau, puis portez le tout à ébullition et laissez cuire jusqu'à ce que les fruits éclatent. Mixez l'ensemble afin d'obtenir un jus. Reversez ce dernier dans la casserole, ajoutez le sucre, le beurre, les œufs battus et la Maïzena®, et fouettez afin d'obtenir un mélange homogène. Portez la casserole sur le feu et laissez cuire 5 minutes en remuant sans cesse, jusqu'à ce que le mélange soit bien épais. Retirez du feu et laissez reposer.

Préchauffez le four à 200 °C (th. 6-7). Beurrez des moules à tartelette. Étalez la pâte sur le plan de travail fariné, garnissez-en les moules, enfournez et laissez cuire pendant 10 minutes. Au terme de la cuisson, sortez les fonds de pâte et laissez-les refroidir, puis garnissez-les avec la crème de fruits rouges.

Si vous n'avez pas de poids de cuisson, recouvrez la pâte crue de papier d'aluminium et garnissez de haricots secs avant d'enfourner.

Maïzena®

tartelettes de Sylvie aux myrtilles

Préparation : 25 min
Repos : 2 h
Cuisson : 30 min

Pour 6 tartelettes
200 g de myrtilles
50 g de cassonade
sucre glace pour saupoudrer

Pour la pâte brisée :
250 g de farine
1 cuil. à soupe de sucre
1 pincée de sel
125 g de beurre mou
1 jaune d'œuf
1 cuil. à soupe d'eau
beurre pour les moules

Mélangez la farine, le sucre et le sel dans un saladier. Détaillez le beurre ramolli en petits morceaux et ajoutez-le au mélange, puis travaillez la pâte du bout des doigts afin d'amalgamer les ingrédients. Ajoutez l'œuf, préalablement battu avec l'eau, et travaillez l'ensemble à la main afin de former une boule de pâte homogène, souple et lisse. Enveloppez-la dans du film alimentaire et réservez-la au frais pendant au moins 2 heures.

Préchauffez le four à 180 °C (th. 6). Étalez la pâte finement sur le plan de travail fariné. Beurrez des moules à tartelette, garnissez-les de pâte brisée et piquez le fond en divers endroits avec une fourchette. Enfournez les fonds de tarte et faites-les cuire pendant 10 minutes environ, jusqu'à ce qu'ils commencent à dorer.

Répartissez les myrtilles dans les fonds de tarte précuits et saupoudrez-les généreusement de cassonade. Remettez dans le four et laissez cuire pendant 20 minutes supplémentaires, jusqu'à ce que les myrtilles soient bien noires. Au moment de servir les tartelettes, saupoudrez-les de sucre glace.

Si vous n'avez pas le temps de confectionner une pâte brisée, vous pouvez l'acheter toute prête. Vous pouvez également remplacer la cassonade par du sucre vanillé, ou fendre une gousse de vanille, récupérer les graines en grattant l'intérieur et les ajouter à la cassonade.

myrtille

tartelettes au mascarpone
et aux fraises des bois

Préparation : 35 min
Repos : 1 h
Cuisson : de 10 à 12 min

Pour 6 tartelettes
2 œufs
75 g de sucre
125 g de mascarpone
1 pincée de sel fin
150 g de fraises des bois
beurre pour les moules

Pour la pâte sablée à la vanille :
1 gousse de vanille
75 g de sucre en poudre
1 jaune d'œuf
1 petite cuil. à soupe d'eau
75 g de beurre demi-sel mou
125 g de farine
1 pincée de sel fin

Fendez la gousse de vanille et grattez l'intérieur pour récupérer les graines. Versez le sucre dans un saladier et ajoutez le jaune d'œuf battu avec l'eau, les graines de vanille et le beurre ramolli. Mélangez le tout lentement, puis ajoutez la farine et le sel en malaxant d'une main. Travaillez l'ensemble afin de former une boule de pâte homogène et compacte. Enveloppez-la de film alimentaire et réservez 1 heure au frais.

Préparez la crème au mascarpone. Cassez les œufs en séparant les blancs des jaunes. Fouettez les jaunes avec le sucre jusqu'à ce que le mélange blanchisse et devienne mousseux, puis incorporez le mascarpone. Montez les blancs d'œuf en neige avec le sel. Lorsqu'ils sont bien fermes, ajoutez-les en trois fois à la préparation précédente, en mélangeant délicatement. Réservez au frais.

Préchauffez le four à 180 °C (th. 6). Beurrez des moules à tartelette. Sur le plan de travail fariné, étalez finement la pâte et garnissez-en les moules. Faites cuire 10 minutes, jusqu'à ce que les bords commencent à dorer, puis sortez-les du four et laissez-les refroidir sur une grille.

Lavez les fraises des bois, équeutez-les et coupez-les en deux. Au moment de servir, garnissez les fonds de pâte avec la crème au mascarpone et disposez par-dessus les fraises des bois en rosace.

Laissez bien refroidir la préparation au mascarpone afin qu'elle se densifie un peu avant de garnir les fonds de tarte. Si elle est trop liquide, ajoutez du mascarpone.

mascarpone

tartelettes Tatin
à la mangue et à l'estragon

Préparation : 20 min
Cuisson : 20 min

Pour 6 tartelettes : 35 g de sucre en poudre • ½ cuil. à café de gingembre en poudre • 30 cl d'eau • 2 petites mangues • quelques feuilles d'estragon • 1 pâte feuilletée

Préchauffez le four à 180 °C (th. 6). Dans une casserole, faites chauffer doucement le sucre, le gingembre en poudre et l'eau. Lorsque le mélange commence à se colorer, retirez-le du feu et versez ce caramel au fond des moules à tartelette.

Épluchez les mangues et coupez-les en fines tranches. Placez quelques feuilles d'estragon sur le caramel et disposez par-dessus les tranches de mangue, en rosace.

Découpez dans la pâte feuilletée des cercles un peu plus grands que les moules et posez-les sur les mangues, en rabattant le bord à l'intérieur. Enfournez et laissez cuire pendant 20 minutes, jusqu'à ce que la pâte soit dorée. À la sortie du four, laissez refroidir un peu les tartelettes, puis démoulez-les en les reversant sur une assiette plate.

Vous pouvez réaliser des versions mini de ces tartelettes en utilisant des moules de 3 ou 4 cm de diamètre.

zaleti
à la banane

Préparation : 15 min
Cuisson : 20 min

Pour une quinzaine de biscuits : 80 g de bananes séchées • 150 g de farine de blé • 150 g de farine de maïs • 1 sachet de levure • 1 pincée de sel • 3 jaunes d'œuf • 100 g de sucre • 100 g de beurre demi-sel mou

Préchauffez le four à 180 °C (th. 6). Détaillez les bananes séchées en petits morceaux. Mélangez dans un saladier la farine de blé, la farine de maïs, la levure et le sel.

Dans un autre saladier, fouettez les jaunes d'œuf avec le sucre jusqu'à ce que le mélange blanchisse et devienne mousseux.

Ajoutez le mélange sec, homogénéisez la préparation et ajoutez les bananes séchées ainsi que le beurre ramolli coupé en morceaux. Travaillez l'ensemble à la main afin qu'il soit homogène et qu'il forme une boule.

Prélevez des morceaux de pâte de la taille d'une noix, disposez-les sur la plaque du four recouverte de papier sulfurisé et aplatissez-les avec le dos d'une cuillère. Enfournez et laissez cuire pendant 20 minutes. À la sortie du four, laissez-les refroidir avant de les décoller de la plaque.

Vous trouverez de la farine de maïs dans les magasins d'alimentation bio. Vous pouvez ajouter à la pâte des pommes séchées coupées en dés, des noix ou des noisettes.

bâtonnets chocolat-nougatine

Préparation : 35 min
Repos : 1 h
Cuisson : environ 20 min

Pour une trentaine de bâtonnets
125 g de beurre mou
100 g de sucre glace
1 pincée de sel
1 œuf
35 g d'amandes en poudre
250 g de farine
300 g de chocolat au lait
100 g de pépites de nougatine

Dans un saladier, battez le beurre coupé en morceaux avec le sucre glace et le sel jusqu'à ce que le mélange blanchisse et devienne crémeux. Ajoutez l'œuf, la poudre d'amandes et la farine, puis travaillez la pâte à la main afin qu'elle soit homogène et forme une boule. Enveloppez-la dans du film alimentaire et réservez-la 1 heure au frais.

Préchauffez le four à 180 °C (th. 6). Prélevez des morceaux de pâte et, sur le plan de travail fariné, roulez-les sous les doigts afin de former de fins boudins de pâte d'environ 15 cm de long. Disposez ces bâtonnets sur la plaque du four recouverte de papier sulfurisé et enfournez-les pour 15 minutes, en veillant à ce qu'ils ne dorent pas trop. À la sortie du four, laissez-les refroidir sur une grille.

Pendant ce temps, préparez le glaçage : faites fondre le chocolat au bain-marie et réservez-le. Placez les pépites de nougatine dans une assiette plate. Versez le chocolat dans un verre haut et fin. Trempez les bâtonnets dans le chocolat fondu et roulez-les dans les pépites de nougatine, puis laissez les bâtonnets sécher sur une grille.

Ne faites pas des bâtonnets trop longs, ils seraient trop fragiles une fois cuits. Vous pouvez varier la garniture : chocolat blanc ou noir, amandes, noisettes ou noix hachées, pistaches, cassonade ou pignons de pin.

brownies

Préparation : 20 min
Cuisson : environ 25 min

Pour 6 personnes : 175 g de chocolat noir • 125 g de beurre • 150 g de sucre en poudre • 1 sachet de sucre vanillé • 1 pincée de sel • 3 œufs • 60 g de farine tamisée • beurre pour le moule

Préchauffez le four à 180 °C (th. 6). Coupez le chocolat et le beurre en morceaux, et faites-les fondre doucement au bain-marie.
Dans un saladier, mélangez le sucre en poudre, le sucre vanillé, le sel et les œufs battus. Incorporez le chocolat et le beurre fondus, et mélangez délicatement. Ajoutez la farine et mélangez à nouveau pour obtenir une préparation lisse et homogène.
Beurrez un moule à manqué. Versez-y la pâte, enfournez et laissez cuire pendant 20 minutes. Au terme de la cuisson, laissez le brownie reposer 5 minutes dans le four éteint. Quand il est complètement froid, démoulez-le et découpez-le en cubes.

Vous pouvez ajouter à la pâte 40 g de cerneaux de noix hachés, de noix de pécan ou d'amandes grillées. Vous pouvez également remplacer le sucre par de la cassonade, et ajouter les graines d'une gousse de vanille.

brownies
pistache-banane

Préparation : 30 min
Cuisson : environ 30 min

Pour 6 personnes : 150 g de beurre demi-sel • 200 g de chocolat noir • 50 g de chocolat blanc • 150 g de sucre en poudre • 1 sachet de sucre vanillé • 3 œufs • 60 g de farine tamisée • 75 g de pistaches mondées non salées entières • 2 bananes

Préchauffez le four à 180 °C (th. 6). Coupez le beurre et les chocolats en morceaux, et faites-les fondre au bain-marie.
Dans un saladier, mélangez le sucre, le sucre vanillé et les œufs battus, et fouettez jusqu'à ce que le mélange blanchisse. Ajoutez alors la farine et mélangez pour homogénéiser le tout. Faites refroidir les chocolats et le beurre fondu, et ajoutez-les à la précédente préparation. Mélangez énergiquement pour former une pâte bien lisse, puis ajoutez les pistaches.
Épluchez les bananes et coupez-les en rondelles. Beurrez un moule à manqué et versez-y la moitié de la pâte, puis disposez les rondelles de banane et couvrez avec le reste de la préparation. Enfournez et faites cuire 25 minutes, puis laissez reposer 5 minutes dans le four éteint. Quand le brownie est complètement froid, démoulez-le et découpez-le en cubes.

Pour contrôler la cuisson du brownie, plantez au milieu une lame de couteau, qui doit ressortir sèche. Le dessus du gâteau doit former une peau feuilletée.

billes
chocolat-noisette

Préparation : 25 min
Repos : 4 h
Cuisson : 3 min

Pour 25 billes : 15 cl de crème liquide • 25 g de beurre mou • 200 g de chocolat noir • 25 noisettes entières • 100 g de chocolat au lait • 60 g de noisettes hachées

Faites chauffer la crème liquide et le beurre sur feu doux. Cassez le chocolat en petits morceaux dans un saladier. Lorsque la crème et le beurre commencent à bouillir, versez-les sur le chocolat et remuez avec une cuillère en bois jusqu'à ce que le mélange soit lisse et brillant. Réservez au frais pour 3 heures au moins.
Lorsque le mélange s'est bien solidifié, prélevez des petites boules de chocolat et glissez une noisette au milieu de chacune d'elles. Replacez ensuite les billes au frais pour 1 heure.
Faites chauffer au bain-marie le chocolat au lait. Mettez les noisettes hachées dans une assiette creuse. Trempez rapidement les billes refroidies dans le chocolat au lait fondu, roulez-les dans les noisettes hachées et faites-les sécher sur une grille. Conservez les billes chocolat-noisette au frais.

Il est important que les billes soient bien froides lorsque vous les plongez dans le chocolat fondu, sinon elles fondraient très rapidement. Déclinez cette recette avec des amandes ou diverses noix (cajou, pécan, macadamia), et du chocolat blanc, noir ou au lait.

biscuits
tendres
au chocolat

Préparation : 15 min
Cuisson : 20 min

Pour une quinzaine de biscuits : 85 g de beurre mou • 85 g de sucre en poudre • 1 œuf • 1 cuil. à café de levure • 150 g de farine • 2 cuil. à soupe de cacao en poudre

Préchauffez le four à 180 °C (th. 6). Dans un saladier, fouettez le beurre mou et le sucre jusqu'à ce que le mélange devienne crémeux. Incorporez l'œuf, puis la levure et la farine. Mélangez bien le tout pour obtenir une pâte homogène. Ajoutez le cacao en poudre et mélangez de nouveau.
Sur la plaque du four recouverte de papier sulfurisé, déposez 1 cuillerée à soupe de pâte et répétez l'opération jusqu'à épuisement de la pâte, en veillant à bien espacer les portions car la pâte s'étale en cuisant. Enfournez et laissez cuire pendant 20 minutes.

Vous pouvez ajouter 30 g de noix de coco râpée à la préparation pour une consistance un peu différente. Vous pouvez également faire fondre du chocolat noir au bain-marie et l'étaler sur les biscuits à l'aide d'une spatule.

biscuits au chocolat blanc
et au thé matcha

Préparation : 20 min
Repos : 1 h 30
Cuisson : 15 min

Pour 40 biscuits
115 g de beurre demi-sel mou
120 g de sucre roux
140 g de farine
½ sachet de levure
1 pincée de bicarbonate de sodium
1 pincée de sel
70 g de poudre d'amandes
1 cuil. à café de poudre de thé matcha
1 œuf

Pour le glaçage au chocolat blanc :
5 cl de crème liquide
5 cl de lait
125 g de chocolat blanc
30 g de beurre

Dans un saladier, fouettez le beurre mou et le sucre jusqu'à ce que le mélange blanchisse et devienne crémeux. Mélangez la farine, la levure, le bicarbonate de sodium, le sel, la poudre d'amandes et le thé matcha, et incorporez l'ensemble à la préparation précédente. Incorporez alors l'œuf et pétrissez afin d'obtenir une boule de pâte homogène. Sur le plan de travail fariné, abaissez la pâte sur une épaisseur de 5 mm et réservez au frais pendant au moins 1 heure.

Préchauffez le four à 160 °C (th. 5-6). Détaillez la pâte avec un emporte-pièce rond de 4 cm de diamètre et disposez les biscuits sur la plaque de cuisson recouverte de papier sulfurisé. Enfournez et laissez cuire pendant 12 minutes environ. Au terme de la cuisson, sortez les biscuits du four et laissez-les refroidir avant de procéder au glaçage.

Coupez le chocolat en morceaux. Faites chauffer la crème et le lait au bain-marie, puis ajoutez le chocolat et mélangez délicatement. Ajoutez enfin le beurre et mélangez jusqu'à ce que vous obteniez une préparation lisse et homogène. Laissez refroidir un peu et, à l'aide d'une spatule, recouvrez délicatement le dessus des sablés au thé matcha. Laissez prendre le glaçage 30 minutes dans un endroit frais et sec.

La pâte étant difficile à travailler, vous pouvez la placer entre deux morceaux de film alimentaire pour l'étaler au rouleau à pâtisserie. Faites attention au moment du glaçage, car les gâteaux sont cassants à la sortie du four.

thé matcha

chocolate crinkles

Préparation : 15 min
Repos : 1 h
Cuisson : environ 15 min

Pour une quarantaine de biscuits
200 g de chocolat noir
50 g de beurre demi-sel
2 œufs moyen
100 g sucre en poudre
1 cuil. à café de vanille en poudre
210 g de farine
1 cuil. à café de levure
1 pincée de sel
100 g de sucre glace pour l'enrobage

Faites fondre doucement au bain-marie le chocolat et le beurre, préalablement coupés en morceaux. Lorsque les deux ingrédients sont fondus et parfaitement mélangés, mettez hors du feu et réservez.

Dans un saladier, fouettez les œufs et le sucre jusqu'à ce que le mélange blanchisse et s'épaississe. Ajoutez la vanille en poudre, puis incorporez le chocolat et le beurre fondu. Ajoutez alors la farine, la levure et le sel, et mélangez la pâte sans trop la travailler. Couvrez le saladier de film alimentaire et réservez au frais pendant 1 heure.

Préchauffez le four à 170 °C (th. 5-6). Versez le sucre glace dans une assiette creuse. Formez des petites boules de pâte de la taille d'une grosse noix et roulez-les dans le sucre glace afin qu'elles en soient uniformément recouvertes. Disposez-les sur la plaque du four recouverte de papier sulfurisé, en veillant à bien les espacer car la pâte s'étale à la cuisson. Enfournez et laissez cuire pendant 10 à 15 minutes. À l'issue de la cuisson, sortez les chocolate crinkles du four et laissez-les refroidir sur une grille.

Il est très important de fouetter correctement les œufs et le sucre : le mélange doit former un ruban lorsque vous soulevez le fouet. Ne faites pas trop cuire les biscuits, ils doivent rester tendres au centre.

chocolat noir

croustillants
aux céréales et au chocolat

Préparation : 10 min
Cuisson : 5 min
Repos : 1 h

Pour une quarantaine de petits croustillants : 180 g de chocolat noir • 50 g de beurre demi-sel • 2 cuil. à soupe bombées de miel • 150 g de pétales de maïs

Coupez le chocolat ainsi que le beurre en morceaux, et faites-les fondre au bain-marie avec le miel. Placez les pétales de maïs dans un saladier et ajoutez la préparation précédente. Mélangez délicatement afin qu'elle nappe l'ensemble des céréales.
Déposez des petits tas de cette préparation sur la plaque du four recouverte de papier sulfurisé et laissez prendre 1 heure dans un endroit frais et sec.

Vous pouvez répartir la préparation dans des petites caissettes en papier : la présentation sera plus jolie, et les biscuits seront plus faciles à conserver. Vous pouvez également ajouter des zestes d'agrume, ils se marieront très bien avec le chocolat.

diamants
au chocolat

Préparation : 15 min
Repos : 1 h
Cuisson : 15 min

Pour une trentaine de biscuits : 250 g de farine • 100 g de sucre en poudre • 1 cuil. à café de cannelle en poudre • 20 g de cacao amer en poudre • 180 g de beurre mou • 1 jaune d'œuf • 200 g de cassonade

Dans un saladier, mélangez la farine, le sucre en poudre, la cannelle et le cacao. Coupez le beurre ramolli en petits dés et incorporez-le au mélange sec, en pétrissant du bout du doigt pour obtenir une pâte homogène et souple.
Divisez-la en trois et formez des boudins d'un diamètre de 3 à 4 cm environ. Roulez-les dans la cassonade, enroulez-les dans du film alimentaire et réservez-les 1 heure au frais.
Préchauffez le four à 180 °C (th. 6). Détaillez les boudins en rondelles de 1 cm d'épaisseur environ. Disposez celles-ci sur la plaque du four recouverte de papier sulfurisé, badigeonnez-les de jaune d'œuf à l'aide d'un pinceau et saupoudrez-les de cassonade. Enfournez et faites cuire pendant 15 minutes, puis laissez refroidir sur une grille avant de déguster.

Ces biscuits portent bien leur nom, puisque le sucre qui les entoure brille après la cuisson et leur donne un aspect très particulier. L'alliance de croquant et de douceur des diamants est très agréable.

maïs

fondants
au chocolat blanc

Préparation : 15 min
Cuisson : environ 15 min

Pour 6 petits fondants : 100 g de beurre • 200 g de chocolat blanc à pâtisser • 5 œufs • 110 g de sucre • 90 g de farine • beurre pour les moules • copeaux de chocolat blanc

Préchauffez le four à 180 °C (th. 6). Faites fondre le beurre et le chocolat au bain-marie. **F**ouettez les œufs et le sucre dans un saladier jusqu'à ce que le mélange blanchisse et devienne mousseux. Ajoutez la farine, mélangez, et incorporez le chocolat et le beurre fondus. Travaillez la pâte énergiquement avec une spatule en bois afin d'obtenir un ensemble homogène.
Beurrez des petits moules à tartelette lisses. Versez-y la préparation, enfournez et laissez cuire pendant 12 à 15 minutes. Au terme de la cuisson, sortez les fondants du four et laissez-les refroidir complètement avant de les décorer de copeaux de chocolat blanc.

Pour réaliser des copeaux de chocolat blanc, il suffit de tailler des petits morceaux avec un économe dans une tablette de chocolat. Veillez à ne pas faire fondre le chocolat blanc trop rapidement, car il est très fragile et risquerait de s'amalgamer au lieu de fondre.

fondants
express
au chocolat

Préparation : 15 min
Cuisson : environ 15 min

Pour 8 fondants au chocolat : 80 g de sucre en poudre • 1 sachet de sucre vanillé • 1 cuil. à soupe de farine • 3 œufs • 100 g de chocolat noir • 50 g de beurre • 8 carrés de chocolat noir • beurre pour les moules

Préchauffez le four à 210 °C (th. 7). Dans un saladier, mélangez le sucre, le sucre vanillé et la farine. Incorporez les œufs battus et mélangez énergiquement pour obtenir une pâte lisse. **F**aites fondre les 100 g de chocolat coupés en morceaux et le beurre au bain-marie. Lorsque le mélange est homogène, ajoutez-le à la préparation précédente et mélangez de nouveau. **B**eurrez des moules à muffin de petite taille, remplissez-les à moitié, déposez un carré de chocolat dans chacun d'eux et remplissez avec le reste de la pâte. Enfournez et laissez cuire pendant 10 minutes.

Vous pouvez déguster ces gâteaux chauds ou froids ; s'ils sont encore chauds, les biscuits seront un peu plus coulants à l'intérieur.

sucre vanillé

mendiants au chocolat blanc
et aux fruits rouges séchés

Préparation : 15 min
Repos : 1 h

Pour une vingtaine de mendiants
200 g de chocolat blanc à pâtisser
15 g de fraises séchées
15 g de canneberges séchées
15 g de cerises séchées

Faites fondre doucement le chocolat blanc au bain-marie. Couvrez la plaque du four de papier sulfurisé.
Prélevez 1 cuillerée à soupe de chocolat fondu et déposez-la sur la plaque. Avec le dos de la cuillère, aplatissez le chocolat afin de former un petit palet de 5 cm de diamètre environ et posez immédiatement quelques fruits secs sur le chocolat. Répétez l'opération jusqu'à épuisement des ingrédients.
Laissez les mendiants prendre pendant 1 heure dans un endroit sec, puis décollez-les à l'aide d'une spatule.

Vous pourrez trouver des mélanges de fruits rouges séchés en sachets au rayon fruits secs des supermarchés. Veillez à faire fondre le chocolat blanc très doucement, et surtout ne le travaillez pas trop.

canneberge

lunes chocolat-coco-banane

Préparation : 15 min
Repos : 2 h
Cuisson : 7 ou 8 min

Pour une quarantaine de lunes
50 g de beurre mou
60 g de sucre en poudre
½ banane
1 cuil. à soupe de jus de citron
1 œuf
125 g de farine
½ pincée de sel
50 g de noix de coco

Pour le glaçage :
50 g de chocolat noir à pâtisser
25 g de beurre demi-sel

Dans un saladier, fouettez le beurre ramolli avec le sucre jusqu'à ce que le mélange devienne mousseux. Mixez la demi-banane avec le jus de citron, puis incorporez ce mélange ainsi que l'œuf à la préparation précédente et travaillez l'ensemble. Ajoutez la farine, le sel et la noix de coco, puis pétrissez la pâte jusqu'à ce que vous obteniez une boule homogène. Enveloppez-la dans du film alimentaire et laissez-la reposer 2 heures au frais.

Préchauffez le four à 200 °C (th. 6-7). Sur le plan de travail fariné, étalez la pâte sur 5 mm d'épaisseur et découpez les biscuits à l'aide d'un emporte-pièce en forme de demi-lune. Disposez-les sur la plaque du four recouverte de papier sulfurisé, enfournez et laissez cuire pendant 7 ou 8 minutes.

Faites fondre au bain-marie le chocolat et le beurre jusqu'à ce que le mélange soit lisse et homogène. Mettez-le hors du feu et continuez à le remuer pour le refroidir, puis trempez le bout des lunes dans le chocolat et posez-les sur une grille le temps que le glaçage durcisse.

Trempez les lunes dans le chocolat lorsqu'il a commencé à tiédir. Vous pouvez, en procédant de la même manière, réaliser ce glaçage avec du chocolat au lait.

noix de coco

douceurs
de marron
au chocolat

Préparation : 15 min
Cuisson : 10 min

Pour 8 mini-gâteaux : 90 g de beurre • 100 g de chocolat noir • 120 g de sucre en poudre • 3 œufs • 40 g de farine • beurre pour les moules • 4 cuil. à café de crème de marrons vanillée • sucre glace pour saupoudrer

Préchauffez le four à 200 °C (th. 6-7). Coupez le beurre et le chocolat en morceaux, et faites-les fondre ensemble au bain-marie. Fouettez le sucre et les œufs dans un saladier jusqu'à ce que le mélange blanchisse et devienne mousseux. Incorporez la farine, en mélangeant bien afin d'obtenir une pâte lisse. Ajoutez alors le chocolat et le beurre fondus, et mélangez délicatement.
Beurrez des mini-moules et versez un peu de pâte dans le fond chacun d'eux, puis déposez une demi-cuillerée à café de crème de marrons au milieu et recouvrez de pâte. Enfournez et laissez cuire pendant 10 minutes. Laissez les biscuits refroidir avant de les démouler et de les saupoudrer de sucre glace.

Vous trouverez de la crème de marrons au rayon confitures du supermarché, mais vous pouvez aussi la confectionner vous-même en saison. Servez ces petits gâteaux avec de la chantilly.

petites
tartelettes
rapides
au chocolat

Préparation : 20 min
Repos : 1 h au moins
Cuisson : 20 min

Pour une quinzaine de petites tartelettes : beurre pour les moules • 1 pâte brisée • 10 cl de lait • 12 cl de crème liquide • 250 g de chocolat noir • 60 g de beurre

Préchauffez le four à 180 °C (th. 6). Beurrez des petits moules à tartelette d'environ 4 cm de diamètre et garnissez-les de pâte. Enfournez et faites cuire les fonds de tartelette pendant 10 à 15 minutes, jusqu'à ce que la pâte soit bien dorée, puis laissez les tartelettes refroidir sur une grille.
Faites bouillir le lait avec la crème. Retirez la casserole du feu à la première ébullition et ajoutez le chocolat, coupé en morceaux. **T**ravaillez le mélange avec une cuillère en bois jusqu'à ce que le chocolat soit complètement fondu. Ajoutez alors le beurre, en morceaux, et mélangez à nouveau. Répartissez cette ganache encore chaude dans les tartelettes, puis réservez ces dernières au frais pendant 1 heure au moins.

Si vous disposez de suffisamment de temps, vous pouvez réaliser vous-même la pâte brisée (voir recette p. 66). En garnissant les fonds de pâte avec une ganache bien liquide et en les plaçant une nuit au frais, vous obtiendrez des tartelettes parfaitement lisses.

petits gâteaux sablés au chocolat
et cœur de poire

Préparation : 35 min
Repos : 1 h
Cuisson : de 35 à 40 min

Pour une dizaine de petits gâteaux
5 poires
10 g de beurre demi-sel
sucre pour saupoudrer
sucre glace pour saupoudrer
beurre pour les moules

Pour la pâte sablée au chocolat :
300 g de farine
110 g de sucre glace
35 g de poudre d'amandes
1 pincée de sel
25 g de cacao en poudre
200 g de beurre mou
1 cuil. à soupe de vanille liquide
1 œuf

Pour la crème aux œufs :
60 g de sucre en poudre
1 œuf
20 g de farine
3 cuil. à café d'huile

Commencez par préparer la pâte sablée. Dans un saladier, mélangez la farine, le sucre, la poudre d'amandes, le sel et le cacao. Détaillez le beurre ramolli en petits morceaux, ajoutez-le et travaillez la pâte du bout des doigts afin d'obtenir un mélange sableux. Ajoutez la vanille liquide et l'œuf, puis travaillez la pâte afin d'obtenir une boule homogène. Enveloppez-la dans du film alimentaire et réservez-la au frais pendant 1 heure.

Épluchez les poires et détaillez-les en dés. Faites chauffer le beurre dans une poêle. Ajoutez les poires, saupoudrez-les de sucre et faites-les cuire de 5 à 10 minutes ; les fruits doivent être tendres mais pas réduits en compote.

Préparez la crème aux œufs : battez le sucre et l'œuf ; ajoutez la farine et l'huile, et mélangez à nouveau.

Préchauffez le four à 180 °C (th. 6). Beurrez des moules individuels lisses de 4 à 5 cm de hauteur. Ramollissez un peu la pâte au chocolat entre vos mains et chemisez-en les moules jusqu'en haut, en tassant bien la pâte. Répartissez les dés de poire et remplissez avec la crème aux œufs jusqu'à quelques millimètres du bord pour qu'elle ne déborde pas à la cuisson.

Enfournez et laissez cuire 30 minutes environ. À la sortie du four, laissez refroidir les petits gâteaux quelques instants, démoulez-les avec précaution, poudrez-les de sucre glace et dégustez-les encore tièdes.

poire

millionnaire's shortbread

Préparation : 20 minutes
Repos : 1 h
Cuisson : environ 40 min

Pour une trentaine de biscuits
Pour la couche sablée :
120 g de beurre demi-sel mou
60 g de sucre en poudre
180 g de farine à levure incorporée
beurre pour le moule

Pour la couche de toffee :
2 cuil. à soupe de golden syrup
1 boîte de lait concentré sucré
120 g de sucre en poudre
120 g de beurre

Pour la couche de chocolat :
200 g de chocolat
50 g de beurre

Préparez le biscuit : préchauffez le four à 170 °C (th. 5-6). Dans un saladier, battez le beurre ramolli avec le sucre jusqu'à ce que le mélange blanchisse et devienne crémeux. **A**joutez la farine et mélangez énergiquement. Beurrez un moule carré. Étalez la pâte sur le plan de travail fariné, puis garnissez-en le moule beurré. Piquez la pâte régulièrement avec une fourchette, enfournez et laissez cuire pendant 30 minutes. À la fin de la cuisson, le biscuit doit être doré. Sortez-le du four et laissez-le refroidir.
Préparez le toffee. Versez le golden syrup et le lait concentré dans une casserole, ajoutez le sucre et le beurre, et portez à ébullition en remuant. Laissez le mélange bouillir pendant 5 minutes sans cesser de remuer pour épaissir la masse. Versez le toffee en une couche sur le sablé et uniformisez la surface à l'aide d'une spatule.
Préparez enfin la couche de chocolat. Faites fondre le chocolat et le beurre au bain-marie. Lorsque le mélange est fondu et homogène, nappez-en le toffee.
Laissez le tout refroidir pendant 1 heure dans un endroit frais et sec, puis coupez en carrés.

On trouve en général du golden syrup, sirop de sucre ambré, au rayon produits étrangers des supermarchés ; si vous n'en trouvez pas, vous pouvez le remplacer par du sirop d'érable ou par du miel.

lait concentré

palets orange-chocolat-muscade

Préparation : 20 min
Repos : 2 h
Cuisson : de 8 à 10 min

Pour une cinquantaine de palets
100 g de chocolat noir
125 g de beurre en pommade
125 g de sucre en poudre
1 pincée de sel fin
1 œuf
le zeste râpé d'une orange
1 pincée de noix de muscade râpée
200 g de farine
1 cuil. à café de levure
100 g de sucre glace
3 cuil. à soupe de jus d'orange

Râpez le chocolat. Dans un saladier, travaillez le beurre en pommade avec le sucre jusqu'à ce que le mélange blanchisse et devienne crémeux. Ajoutez le sel, l'œuf battu, le zeste d'orange et la muscade, et continuez à mélanger. Incorporez la farine, la levure et le chocolat, puis pétrissez la pâte afin d'obtenir un ensemble homogène. Formez une boule, enveloppez-la dans du film alimentaire et laissez-la reposer 2 heures au frais.

Préchauffez le four à 200 °C (th. 6). Sur le plan de travail fariné, étalez la pâte sur 5 mm d'épaisseur et découpez-y les palets à l'aide d'un emporte-pièce de 5 cm de diamètre environ. Disposez-les sur la plaque du four recouverte de papier sulfurisé, enfournez et faites cuire pendant 8 à 10 minutes. Au terme de la cuisson, sortez les biscuits du four et laissez-les refroidir.

Préparez le glaçage en mélangeant le sucre glace avec le jus d'orange. Vous devez obtenir un mélange relativement épais. Glacez le dessus des palets et laissez-les sécher dans un endroit sec.

Vous pouvez décliner ces palets selon les saisons et selon vos goûts : chocolat blanc, cannelle et eau de fleur d'oranger, ou bien clémentine, cardamome et chocolat au lait par exemple.

noix de muscade

sablés fourrés au chocolat au lait

Préparation : 25 min
Repos : 1 h
Cuisson : environ 15 min

Pour une vingtaine de biscuits :
125 g de beurre mou
60 g de sucre glace
125 g de farine
60 g de Maïzena®
1 cuil. à café de zeste d'orange râpé
1 cuil. à soupe d'eau glacée
1 sachet de levure
sucre glace pour saupoudrer

Pour la farce :
30 g de chocolat noir
30 g de crème de fromage
(type St-Môret®)
1 œuf battu

Dans un saladier, fouettez le beurre ramolli avec le sucre glace jusqu'à ce que le mélange blanchisse et devienne crémeux. Ajoutez la farine, la Maïzena®, le zeste d'orange et l'eau glacée, puis mélangez énergiquement afin que la pâte devienne homogène et forme une boule. Enveloppez celle-ci dans du film alimentaire et réservez-la au frais pendant 1 heure.

Pendant ce temps, préparez la garniture. Faites fondre le chocolat au bain-marie. Lorsqu'il est fondu, versez-le sur la crème de fromage et fouettez l'ensemble très vivement. Ajoutez enfin l'œuf battu et continuez à fouetter.

Préchauffez le four à 180 °C (th. 6). Étalez la pâte finement sur le plan de travail fariné et détaillez-la en disques à l'aide d'un emporte-pièce de 5 cm de diamètre environ. Déposez un peu de farce au milieu d'un biscuit, humidifiez le bord de ce dernier, recouvrez-le d'un second biscuit et soudez-les tous deux en appuyant un peu légèrement. Répétez l'opération jusqu'à épuisement des biscuits.

Disposez les sablés fourrés sur la plaque du four recouverte de papier sulfurisé, enfournez et faites cuire de 10 à 15 minutes. Au terme de la cuisson, laissez refroidir les biscuits sur une grille et saupoudrez-les de sucre glace.

Faites attention lorsque vous disposez les biscuits sur la plaque car ils sont relativement fragiles. Ne les garnissez pas trop afin que la farce au chocolat ne déborde pas à la cuisson.

chocolat au lait

sablés
au chocolat blanc et à la rose

Préparation : 15 min

Cuisson : 15 min

Pour une trentaine de sablés : 150 g de beurre mou • 100 g de sucre en poudre • 2 jaunes d'œuf • 2 cuil. à soupe d'eau de rose • 220 g de farine • ½ cuil. à café de levure • 30 g de roses cristallisées • 100 g de chocolat blanc

Préchauffez le four à 180 °C (th. 6). Dans un saladier, battez le beurre ramolli avec le sucre jusqu'à ce que le mélange blanchisse et devienne crémeux. Ajoutez les jaunes d'œuf et l'eau de rose, mélangez, puis ajoutez la farine et la levure, et travaillez la pâte jusqu'à ce qu'elle soit homogène. Ajoutez alors les pétales de rose cristallisés et travaillez la pâte de nouveau.

Coupez le chocolat blanc en petits morceaux. Disposez des boules de pâte sur la plaque du four recouverte de papier sulfurisé, puis enfoncez un morceau de chocolat blanc dans chacune d'elles et refermez la pâte sur le chocolat. Enfournez et laissez cuire pendant 15 minutes environ.

Veillez à bien recouvrir le chocolat blanc avec de la pâte car, s'il débordait des biscuits, il pourrait noircir. Une fois les biscuits cuits et refroidis, vous pouvez les plonger dans du chocolat banc fondu au bain-marie et les laisser sécher sur une grille.

petits pains
d'épice au chocolat et à l'orange

Préparation : 20 min

Cuisson : environ 50 min

Pour une dizaine de petits pains d'épice : 200 g de miel • 2 verres de lait • 60 g de sucre en poudre • 1 pincée de poudre de clou de girofle • 2 pincées de gingembre râpé • 2 pincées de cannelle en poudre • 1 pincée de poivre blanc • 2 pincées de sel • 3 jaunes d'œuf • 250 g de farine • 3 cuil. à café de bicarbonate de soude • 200 g de chocolat noir • le zeste râpé d'une orange • beurre pour les moules

Préchauffez le four à 180 °C (th. 6). Faites fondre le miel dans le lait sur feu doux, puis ajoutez le sucre, les épices et le sel. Mélangez et mettez hors du feu. Fouettez les jaunes d'œuf et incorporez-les au mélange précédent, en battant vigoureusement. Mélangez la farine et le bicarbonate dans un saladier, ajoutez la préparation précédente et mélangez bien.

Cassez le chocolat en morceaux et faites-le fondre doucement au bain-marie. Ajoutez-le à la préparation et battez la pâte jusqu'à ce qu'elle soit bien homogène. Incorporez le zeste d'orange et mélangez à nouveau.

Beurrez des moules à muffins et versez-y la pâte, puis enfournez et laissez cuire de 45 à 50 minutes.

Afin que le dessus des pains d'épice ne noircisse pas trop, couvrez-les de papier d'aluminium avant de les enfourner.

pim's® maison au chocolat blanc
et à la framboise

Préparation : 45 min
Cuisson : environ 15 min

Pour une trentaine de biscuits
30 g de beurre
3 œufs
100 g de sucre en poudre
100 g de farine
200 g de chocolat blanc à pâtisser
250 g de confiture de framboises
beurre pour les moules

Faites fondre le beurre doucement et réservez-le.

Fouettez les œufs et le sucre dans un bol métallique (ou une casserole). Déposez le bol dans un bain-marie frémissant et faites chauffer le mélange pendant 5 minutes environ sans cesser de fouetter ; il va devenir pâle et mousseux. Retirez le bol du feu et battez le mélange de 5 à 7 minutes à l'aide d'un fouet électrique, en inclinant le récipient pour le faire refroidir. La préparation va tripler de volume. Mélangez 2 cuillerées à soupe de cette préparation au beurre fondu et réservez.

Préchauffez le four à 180 °C (th. 6). Incorporez délicatement la farine au mélange mousseux en plusieurs fois et travaillez l'ensemble doucement avec une spatule souple. Incorporez ensuite la préparation au beurre réservée et mélangez, toujours avec délicatesse.

Beurrez des moules à muffin et versez dans chacun 1 bonne cuillerée à soupe de pâte. Enfournez et laissez cuire 7 ou 8 minutes, en surveillant la cuisson. À la sortie du four, laissez les biscuits refroidir complètement afin de ne pas les casser en les démoulant. Coupez-les en deux dans l'épaisseur et disposez au milieu de chaque demi-biscuit 1 cuillerée à café de confiture.

Faites fondre le chocolat blanc au bain-marie. À l'aide d'une spatule, étalez le chocolat sur les biscuits en veillant à bien recouvrir la confiture, et réservez-les le temps que le chocolat prenne.

Pour savoir si votre préparation à génoise est prête et assez refroidie, faites le test du ruban : soulevez le fouet et, si la pâte qui retombe forme un ruban qui reste quelques instants sur le dessus de la préparation, celle-ci est prête !

barquettes au caramel
au beurre salé

Préparation : 15 min
Cuisson : environ 20 min

Pour une vingtaine de barquettes
4 œufs
180 g de sucre en poudre
4 cuil. à soupe de lait
1 gousse de vanille
160 g de farine
beurre pour les moules

Pour la crème au beurre salé :
100 g de sucre en poudre
40 g de beurre demi-sel
20 cl de crème fraîche

Commencez par préparer la crème au beurre salé : faites fondre le sucre à feu doux et laissez-le blondir sans le remuer. Quand le sucre commence à caraméliser, ajoutez le beurre coupé en morceaux, puis, lorsqu'il est fondu, incorporez la crème en fouettant énergiquement. Laissez sur le feu 5 minutes tout en continuant de fouetter. Versez la préparation dans un bol et laissez refroidir.

Préchauffez le four à 180 °C (th. 6). Battez les œufs énergiquement avec le sucre jusqu'à ce que le mélange blanchisse. Ajoutez le lait et fouettez le tout à nouveau. Fendez la gousse de vanille en deux et grattez l'intérieur pour récupérer les graines. Incorporez la farine et les graines de vanille à la précédente préparation, et mélangez le tout délicatement.

Beurrez des moules à barquette et versez-y la pâte. Enfournez, faites cuire pendant 10 minutes, puis sortez du four et laissez refroidir.

À l'aide d'un couteau pointu, creusez un sillon dans chaque barquette et garnissez-le de crème au caramel au beurre salé.

Pour un résultat impeccable, garnissez vos barquettes à l'aide d'une poche à douille. Ne faites pas trop cuire les biscuits, car ils ne seraient plus moelleux mais croustillants.

caramel

barquettes à la confiture
de rhubarbe

Préparation : 20 min + 15 min
Repos : 12 heures
Cuisson : de 30 à 40 min + 10 min

Pour une vingtaine de barquettes
4 œufs
180 g de sucre en poudre
4 cuil. à soupe de lait
1 gousse de vanille
160 g de farine
le zeste râpé d'un citron
beurre pour les moules

Pour la confiture :
250 g de rhubarbe
1 gousse de vanille
250 g de sucre en poudre

La veille, lavez et épluchez la rhubarbe, en retirant bien les fils, puis coupez-la en tronçons de 3 cm de long. Dans une casserole, mélangez la rhubarbe et le sucre, et laissez macérer pour la nuit.

Le lendemain, fendez la gousse de vanille en deux, grattez l'intérieur pour récupérer les graines et jetez-les ainsi que la gousse dans la casserole avec la rhubarbe. Faites cuire à feu moyen pendant 30 à 40 minutes, jusqu'à ce que la rhubarbe blondisse. Retirez la gousse de vanille et laissez refroidir.

Préchauffez le four à 180 °C (th. 6) et préparez les biscuits. Fendez la gousse de vanille en deux et grattez l'intérieur pour récupérer les graines. Battez les œufs énergiquement avec le sucre jusqu'à ce que le mélange blanchisse. Incorporez le lait en fouettant, puis ajoutez la farine, le zeste de citron et les graines de vanille, et mélangez le tout délicatement.

Beurrez des moules à barquette et versez-y la pâte. Enfournez, faites cuire pendant 10 minutes, puis sortez du four et laissez refroidir.

À l'aide d'un couteau pointu, creusez un sillon dans chaque barquette et garnissez-le de confiture. Conservez le reste de confiture en pot.

Vous pouvez réaliser cette recette avec toutes sortes de confitures ; si vous utilisez de la gelée, faites-la fondre à feu doux, garnissez-en les barquettes et laissez prendre. Si vous manquez de temps, vous pouvez également utiliser de la confiture du commerce.

œuf

cubes de polenta au sirop d'érable et aux raisins de Corinthe

Préparation : 10 min
Repos : 45 min
Cuisson : environ 20 min

Pour une trentaine de petits cubes : 1 l de lait • 1 cuil. à café de cannelle • 100 g de raisins de Corinthe • 50 g de sucre en poudre • 200 g de semoule de maïs (polenta) précuite • 4 cuil. à soupe de sirop d'érable

Dans une casserole, mélangez le lait, la cannelle, les raisins et le sucre. Faites chauffer le mélange jusqu'à ce que le lait frémisse. Ajoutez alors la polenta en pluie et faites-la cuire à feu doux jusqu'à ce qu'elle se détache de la paroi de la casserole.
Lorsque la polenta est cuite, versez-la dans un plat sur une épaisseur de 3 cm et laissez-la reposer 45 minutes. Quand elle est bien ferme, découpez-la en petits cubes.
Faites chauffer le sirop d'érable dans une poêle antiadhésive, jetez-y les cubes de polenta et laissez-les dorer 1 minute sur chaque face.

Vous pouvez aussi confectionner un caramel en faisant chauffer du sucre en poudre ou du miel dans une poêle antiadhésive pour remplacer le sirop d'érable. Ne faites pas trop cuire la polenta pour éviter qu'elle ne soit trop compacte. Attention : si vous utilisez de la polenta non précuite, la cuisson sera beaucoup plus longue.

mini-fiadones

Préparation : 15 min
Cuisson : 35 min

Pour 6 mini-fiadones : 1 citron non traité • 3 œufs • 75 g de sucre en poudre • 250 g de brocciu • 1 pincée de sel • beurre pour les moules

Préchauffez le four à 180 °C (th. 6). Prélevez le zeste du citron avec une petite râpe, puis pressez le fruit. Cassez les œufs en séparant les blancs des jaunes. Fouettez ces derniers avec le sucre jusqu'à ce que le mélange blanchisse et devienne mousseux. Incorporez le brocciu et ajoutez les zestes de citron.
Montez les blancs en neige avec une pincée de sel. Lorsqu'ils commencent à prendre, incorporez petit à petit le jus de citron. Ajoutez les blancs montés à la préparation précédente et mélangez le tout délicatement.
Beurrez des moules individuels. Versez-y la pâte, enfournez et laissez cuire pendant 35 minutes. Au terme de la cuisson, laissez refroidir les gâteaux avant de les démouler. Servez-les bien frais.

Le brocciu est une spécialité corse, tout comme les fiadones. Si vous n'en trouvez pas, vous pouvez le remplacer par de la brousse de brebis traditionnelle.

brocciu

cupcakes bonbons et vanille

Préparation 15 min
Cuisson : 20 min

Pour une douzaine de cupcakes
200 g de farine
1 sachet de levure
200 g de sucre en poudre
200 g de beurre mou
4 œufs
2 cuil. à soupe d'extrait de vanille
quelques bonbons pour le décor

Pour le glaçage :
60 g de beurre mou
60 g de sucre glace
150 g de crème de fromage
(type St-Môret®)
2 cuil. à soupe d'extrait de vanille
colorant (facultatif)

Préchauffez le four à 180 °C (th. 6). Dans un saladier, mélangez la farine et la levure. Ajoutez le sucre et le beurre, détaillé en petits morceaux, et mélangez le tout jusqu'à l'obtention d'une pâte homogène. Ajoutez les œufs un par un, en veillant bien à incorporer chacun d'eux avant d'ajouter le suivant. Ajoutez l'extrait de vanille.

Remplissez aux deux tiers des moules à muffin ou des caissettes en papier. Enfournez et laissez cuire pendant 20 minutes.

Préparez le glaçage. Mélangez le beurre et le sucre glace. Ajoutez délicatement le fromage, l'extrait de vanille et, éventuellement, le colorant, puis continuez de mélanger pour obtenir un glaçage homogène mais pas trop liquide. Réservez au frais si besoin est.

Une fois les gâteaux refroidis, remplissez une poche à douille cannelée de glaçage et garnissez le dessus des gâteaux en formant une spirale. Décorez avec les bonbons de votre choix.

En plus de décorer ces cupcakes avec les bonbons de votre choix, vous pouvez colorer le glaçage avec des couleurs insolites, bleu, violet ou rose fluo !

crème de fromage

cupcakes red velvet

Préparation : 15 min
Repos : 30 min
Cuisson : de 20 à 25 min

Pour une douzaine de cupcakes
200 g de beurre mou
300 g de sucre en poudre
2 œufs
225 g de farine
1 cuil. à soupe de bicarbonate de sodium
1 cuil. à café de sel
2 cuil. à soupe de cacao amer en poudre
25 cl de lait ribot
1 cuil. à soupe de vanille liquide
quelques gouttes de colorant rouge

Pour le glaçage :
100 g de beurre mou
100 g de sucre glace
1 cuil. à café de vanille liquide

Préchauffez le four à 180 °C (th. 6). Battez le beurre mou et le sucre jusqu'à ce que le mélange blanchisse et devienne crémeux. Ajoutez délicatement les œufs, un par un pour les incorporer parfaitement. Ajoutez ensemble la farine, le bicarbonate de sodium, le sel et le cacao, et mélangez jusqu'à ce que vous obteniez un mélange homogène. Mélangez le lait ribot avec la vanille liquide et le colorant rouge, puis incorporez le tout à la préparation précédente. **B**eurrez des moules à muffin et garnissez-les aux deux tiers de pâte. Enfournez et faites cuire de 20 à 25 minutes, puis laissez refroidir.

Préparez le glaçage. Fouettez le beurre ramolli avec le sucre glace jusqu'à ce que le mélange soit homogène et qu'il forme des pics. Ajoutez la vanille liquide et mélangez à nouveau, puis réservez le glaçage au frais pendant 20 minutes.

Garnissez une poche à douille cannelée avec le glaçage et déposez-le sur chaque gâteau en formant une spirale.

Aux États-Unis, les gens préparent des cupcakes pour toutes les occasions et les décorent en fonction de chacune d'elles. Laissez aller votre imagination : billes colorées, étoiles ou cœurs en sucre, fleurs en pâte d'amandes ou sucres colorés… Vous pouvez remplacer le lait ribot, ou babeurre, par du lait écrémé, qui donnera une consistance plus crémeuse à la pâte.

lait ribot

cupcakes au cream cheese
et à la carotte

Préparation : 20 min
Repos : 1 h
Cuisson : de 15 à 20 min

Pour environ 12 cupcakes
225 g de farine
½ sachet de levure
1 cuil. à café rase de gingembre moulu
1 cuil. à café de cannelle moulue (facultatif)
150 g de cassonade
2 œufs
17,5 cl d'huile d'olive douce
200 g de bananes
100 g de carottes râpées finement
12 cerneaux de noix
1 poignée de raisins secs blonds et de raisins Corinthe

Pour le glaçage :
200 g de crème de fromage (type St-Môret®)
115 g de sucre glace
1 cuil. à café de vanille liquide

Préparez le glaçage : battez au fouet électrique le fromage, le sucre glace et la vanille liquide pour obtenir un mélange onctueux. Placez au frais pendant 1 heure.
Préchauffez le four à 180 °C (th. 6). Dans un saladier, mélangez la farine, la levure, les épices et la cassonade. Ajoutez les œufs battus et l'huile d'olive, et mélangez énergiquement de façon à obtenir une pâte homogène.
Épluchez les bananes et écrasez-les à la fourchette. Mettez de côté une petite poignée de carottes râpées pour le décor. Ajoutez la purée de bananes et le reste de carottes râpées à la préparation précédente, en mélangeant de nouveau.
Placez des caissettes en papier dans des moules individuels et garnissez-les de pâte aux deux tiers. Enfournez et laissez cuire pendant 15 à 20 minutes. Au terme de la cuisson, sortez les cupcakes du four et laissez-les refroidir sur une grille.
Nappez les gâteaux refroidis avec le glaçage, puis décorez-les de noix, de raisins et de carotte râpée.

Vous pouvez conserver ces cupcakes quelques jours au frais. Vous pouvez également, pour un résultat plus croquant, ajouter des noix concassées à la pâte à gâteaux.

raisin sec

cupcakes
tout choco

Préparation : 15 min
Cuisson : 20 min

Pour une douzaine de cupcakes : 250 g de farine •
1 paquet de levure • 225 g de sucre en poudre • 225 g
de beurre mou • 4 œufs • 100 g de chocolat noir •
25 cl de lait
Pour le glaçage : 50 g de sucre glace • 25 g de cacao
en poudre • 2 blancs d'œuf

Préchauffez le four à 180 °C (th. 6). Mélangez
la farine et la levure. Ajoutez le sucre et le
beurre coupé en petits morceaux, et mélangez le tout jusqu'à l'obtention d'une pâte
homogène. Ajoutez les œufs un par un, en
veillant à bien incorporer chacun d'eux avant
d'ajouter le suivant.
Faites chauffer le lait, ajoutez-y le chocolat
coupé en morceaux et mélangez avec une
cuillère en bois jusqu'à ce qu'il soit complètement fondu. Ajoutez le chocolat fondu à la
préparation précédente, en mélangeant bien
le tout. Remplissez aux deux tiers des moules
à muffin ou des caissettes en papier. Enfournez et laissez cuire pendant 20 minutes.
Préparez le glaçage : mélangez le sucre glace
et le cacao, puis ajoutez les blancs d'œuf afin
d'obtenir un mélange pâteux et homogène.
Une fois les gâteaux refroidis, couvrez-les de
glaçage au chocolat à l'aide d'une spatule.

Vous pouvez décorer les cupcakes avec des
pastilles de chocolat blanc, des billes de riz
soufflé ou des copeaux de chocolat.

mini-quatre-quarts au miel

Préparation : 15 min
Cuisson : de 45 à 50 min

Pour 6 mini-quatre-quarts : 3 œufs • 150 g de beurre
demi-sel • 150 g de sucre • 150 g de farine • 2 cuil.
à café rases de cannelle • sel fin • ½ sachet de levure
• 2 cuil. à soupe de miel • beurre pour les moules

Préchauffez le four à 160 °C (th. 5-6). Cassez
les œufs en séparant les blancs des jaunes.
Faites fondre doucement le beurre et réservez.
Fouettez les jaunes d'œuf et le sucre jusqu'à
ce que le mélange blanchisse et devienne
mousseux. Ajoutez la farine, la cannelle, une
pincée de sel et la levure, puis mélangez énergiquement. Incorporez alors le beurre fondu et
le miel.
Montez les blancs en neige avec une pincée
de sel. Lorsqu'ils sont bien fermes, incorporez-
les délicatement à la préparation précédente.
Beurrez des mini-moules à cake et enfournez-
les pour 45 à 50 minutes. Laissez les quatre-
quarts refroidir à la sortie du four avant de les
démouler.

Choisissez un miel relativement fort, comme
du miel de châtaignier, afin que le goût soit
bien marqué. Vous pouvez préparer un sirop
avec lequel vous badigeonnerez les cakes
à la sortie du four : faites chauffer 1 cuillerée
à soupe de miel avec un peu d'eau et laissez
cuire quelques minutes jusqu'à ce que la préparation soit sirupeuse.

donuts

Préparation : 15 min
Repos : 2 h
Cuisson : 2 min par beignet

Pour une quinzaine de donuts
55 g de margarine ou de beurre
25 cl de lait tiédi
½ cuil. à café de sel
1 cuil. à soupe de levure
de boulangerie
65 g de sucre en poudre
1 pincée de noix de muscade râpée
2 œufs
540 g de farine
huile pour la friture
sucre glace pour saupoudrer

Dans une casserole, faites fondre à feu doux le beurre et le lait tiède. Ajoutez le sel, versez le tout dans un saladier et laissez refroidir. Tout en battant la préparation, ajoutez la levure, le sucre, la noix de muscade et les œufs battus. Incorporez la farine et mélangez pour obtenir une pâte homogène mais collante. Pétrissez-la pendant 5 minutes, recouvrez-la d'un torchon propre et laissez-la lever pendant 1 h 30 dans un endroit chaud.

Sur le plan de travail fariné, étalez la pâte sur une épaisseur de 1 cm et découpez les donuts à l'aide d'un emporte-pièce rond de 7 cm de diamètre, puis réalisez un trou de 3 cm de diamètre au milieu de chaque donut. Laissez les beignets reposer encore 30 minutes sur le plan de travail fariné.

Faites chauffer l'huile pour la cuisson et mettez-y cuire les donuts 1 minute de chaque côté, puis déposez-les sur du papier absorbant et saupoudrez-les de sucre glace.

Pour confectionner le trou du milieu, si vous n'avez pas d'emporte-pièce de la bonne taille, vous pouvez utiliser le bouchon d'une bouteille d'eau minérale. Veillez à ce que la température de l'huile de friture ne soit ni trop élevée ni trop basse. Pour cela, trempez-y un morceau de pâte : si l'huile forme des bulles autour, c'est qu'elle est à la bonne température.

levure

briochettes aux pralines roses

Préparation : 20 min
Repos : 2 h
Cuisson : 20 min

Pour 8 briochettes
5 g de levure fraîche de boulanger
3 cl (2 cuil. à soupe) d'eau tiède
250 g de farine
5 g de sel
20 g de sucre en poudre
3 œufs
125 g de beurre mou
100 g de pralines roses
beurre pour les moules
1 jaune d'œuf pour dorer

Mélangez la levure et l'eau tiède dans un bol, puis laissez reposer pendant 30 minutes.

Dans un saladier, mélangez la farine, le sel, le sucre et les œufs battus. Ajoutez la levure diluée et pétrissez la pâte pour qu'elle soit bien homogène. Couvrez-la d'un torchon propre et laissez-la reposer dans un endroit chaud pendant 1 heure.

Coupez le beurre mou en morceaux. Ajoutez-le à la pâte et pétrissez pendant quelques minutes. Ajoutez les pralines roses et pétrissez à nouveau. Beurrez des moules à briochette, répartissez la pâte dedans, couvrez et laissez reposer pendant 30 minutes.

Préchauffez le four à 180 °C (th. 6). Quand il est chaud, enfournez les moules et laissez cuire pendant 15 minutes.

Sortez alors les briochettes du four sans éteindre ce dernier et, à l'aide d'un pinceau, badigeonnez-les de jaune d'œuf, puis prolongez la cuisson de 5 minutes pour les faire dorer.

Pour obtenir des brioches moelleuses, laissez bien reposer le mélange de levure et d'eau au début de la préparation. Si vous ne trouvez pas de levure fraîche de boulanger, vous pouvez utiliser de la levure de boulanger en poudre.

praline

mini-moelleux
griotte et pistache

Préparation : 15 min
Cuisson : de 10 à 12 min

Pour une cinquantaine de mini-moelleux : 200 g de pâte d'amandes • 35 g de pâte de pistaches • 55 g de beurre demi-sel mou • 2 œufs • 25 g de farine • 150 g de griottes • beurre pour les moules • sucre glace pour saupoudrer

Préchauffez le four à 180 °C (th. 6). À l'aide d'un robot, mixez la pâte d'amandes et la pâte de pistaches afin d'obtenir une préparation onctueuse. Dans un saladier, mélangez cette préparation avec le beurre ramolli coupé en morceaux. Ajoutez la farine et travaillez la pâte jusqu'à ce que le mélange soit crémeux. Ajoutez alors les œufs et travaillez la pâte à nouveau.
Beurrez des moules de 3 ou 4 cm de diamètre. Garnissez-les aux trois quarts de préparation et déposez une griotte au centre de chacun d'eux. Enfournez et laissez cuire pendant 10 à 12 minutes, puis sortez les mini-moelleux du four et saupoudrez-les de sucre glace.

Vous pouvez utiliser des griottes fraîches ou en bocal. Dans les deux cas, veillez à ce qu'elles soient bien dénoyautées.

moelleux
aux agrumes

Préparation : 20 min
Cuisson : 10 min

Pour 10 moelleux : 6 œufs + 1 jaune • 110 g de beurre en pommade • 80 g de sucre • le zeste râpé d'une orange • le zeste râpé d'un demi-pamplemousse • 1 cuil. à soupe rase de gingembre en poudre • 45 g de farine • 75 g de poudre d'amandes • 60 g de sucre glace

Préchauffez le four à 200 °C (th. 6-7). Cassez les œufs en séparant les blancs des jaunes. Fouettez les jaunes avec le sucre jusqu'à ce que le mélange blanchisse et devienne mousseux. Incorporez le beurre en pommade en fouettant, jusqu'à ce que le mélange soit homogène. Ajoutez les zestes des agrumes, le gingembre en poudre, la farine et la poudre d'amandes.
Battez les blancs d'œuf en neige. Lorsqu'ils commencent à prendre, ajoutez petit à petit le sucre glace et incorporez-les délicatement en trois fois à la préparation précédente.
Beurrez des moules à muffin. Garnissez-les avec la pâte, enfournez et laissez cuire pendant 10 minutes. À la sortie du four, laissez les moelleux reposer avant de les démouler.

Vous pouvez utiliser du gingembre frais à la place de gingembre en poudre, il vous suffit de hacher très finement une petite noix de gingembre.

griotte

moelleux
aux fruits rouges

Préparation : 15 min
Cuisson : de 30 à 35 min

Pour une douzaine de moelleux : 250 g de sucre •
3 œufs • 12,5 cl d'huile végétale • 375 g de farine •
1 sachet de levure • 25 cl de lait • 1 cuil. à café
d'extrait de vanille • 12 cerises dénoyautées • 12 fraises
• 12 framboises • sucre glace pour saupoudrer

Préchauffez le four à 150 °C (th. 5). Dans un
saladier, fouettez le sucre avec les œufs jusqu'à ce que le mélange blanchisse et soit
mousseux. Ajoutez l'huile, mélangez, puis
incorporez la farine ainsi que la levure et mélangez de nouveau. Incorporez alors le lait additionné de l'extrait de vanille, petit à petit,
jusqu'à ce que la pâte soit lisse et homogène.
Doublez des moules à muffin avec des caissettes en papier et versez-y la préparation aux
deux tiers. Ajoutez une cerise, une fraise et
une framboise dans chaque caissette, enfournez et laissez cuire pendant 30 à 35 minutes.
À la sortie du four, laissez refroidir les moelleux
avant de les saupoudrer de sucre glace.

Vous pouvez varier les fruits des moelleux
selon la saison : pommes, poires, bananes ou
fruits jaunes. Les caissettes en papier sont
très pratiques pour cuire les gâteaux de ce
genre, et elles leur donnent une jolie texture
cannelée.

moelleux
au thé

Préparation : 15 min
Cuisson : de 15 à 20 min

Pour 6 à 8 moelleux : 40 cl de lait • 2 cuil. à soupe
de thé • 80 g de sucre • 100 g de farine • 1 pincée
de sel • 1 sachet de levure • 2 œufs • beurre pour les
moules

Préchauffez le four à 180 °C (th. 6). Faites
chauffer le lait dans une casserole, puis mettez hors du feu, jetez le thé dans le lait et laissez-le infuser pendant 15 minutes. Mélangez
le sucre, la farine, une pincée de sel et la
levure dans un saladier. Incorporez les œufs
battus et mélangez énergiquement. Filtrez le
lait à l'aide d'une passoire à thé et incorporez-
le à la préparation, en mélangeant bien afin
que celle-ci soit homogène.
Beurrez des moules individuels ou à muffin.
Versez-y la pâte, enfournez et laissez cuire
pendant 15 à 20 minutes. À la sortie du four,
laissez les moelleux refroidir avant de les
démouler.

Vous pouvez utiliser toutes sortes de thés
pour cette recette, mais choisissez de préférence du thé noir pour plus de saveur. Vous
pouvez aussi faire infuser un demi-bouquet de
menthe dans le lait en même temps que le thé.

moelleux
au chocolat au lait

Préparation : 20 min
Cuisson : environ 25 min

Pour une douzaine de petits moelleux : 250 g de farine • 225 g de sucre • 1 sachet de levure • 225 g de beurre mou • 4 œufs • 125 g de chocolat au lait • 25 cl de lait • beurre pour les moules

Préchauffez le four à 180 °C (th. 6). Mélangez la farine, le sucre et la levure dans un saladier. Détaillez le beurre ramolli en morceaux et ajoutez-le sur le mélange, puis travaillez le tout du bout des doigts afin d'obtenir une pâte sableuse. Incorporez les œufs un par un.
Faites chauffer le chocolat au bain-marie. Lorsqu'il est bien fondu, ajoutez le lait hors du feu et mélangez. Ajoutez enfin le lait chocolaté à la pâte et travaillez celle-ci avec une cuillère en bois.
Beurrez des moules à muffin. Garnissez-les de pâte, enfournez et laissez cuire pendant 20 minutes. À la fin de la cuisson, laissez les petits gâteaux refroidir avant de les démouler.

Vous pouvez, dans ces moelleux au chocolat, ajouter des fruits à votre guise, cerises ou zestes d'orange. Vous pouvez également glisser un carré de chocolat au cœur de chaque biscuit pour un petit effet coulant tiède.

moelleux
mi-figue mi-raisin

Préparation : 10 min
Cuisson : 25 min

Pour 12 moelleux : 50 g de raisins blonds • 70 g de sucre roux • 80 g de beurre mou • 2 œufs • 250 g de farine blanche • 1 sachet de levure • 1 pincée de sel • 20 cl de lait • 2 cuil. à soupe de ricotta • 3 figues fraîches • beurre pour les moules

Préchauffez le four à 180 °C (th. 6). Faites gonfler les raisins dans un bol d'eau tiède. Dans un saladier, fouettez le sucre et le beurre ramolli, coupé en morceaux. Incorporez les œufs un par un, puis ajoutez la farine avec la levure et le sel. Mélangez afin d'obtenir une pâte bien lisse. Versez le lait petit à petit, en mélangeant pour l'incorporer, ajoutez la ricotta et mélangez à nouveau.
Lavez les figues, puis coupez deux d'entre elles en petits dés et ajoutez-les à la pâte. Égouttez les raisins et incorporez-les également. Coupez la dernière figue en tranches.
Beurrez des moules à muffin et versez-y la pâte. Disposez une tranche de figue sur chaque gâteau, enfournez et laissez cuire 20 minutes.

Vous pouvez également faire gonfler les raisins dans 10 cl de rhum ambré à la place du bol d'eau.

figue

douceurs de lait

Préparation : 15 min
Cuisson : 20 min
Repos : 30 min

Pour une dizaine de petits gâteaux
350 g de sucre en poudre
125 g de beurre mou
4 blancs d'œuf
450 g de farine
le zeste râpé d'un citron
1 pincée de sel
½ sachet de levure
25 cl de lait fermenté
beurre pour les moules

Pour le glaçage :
150 g de sucre glace
2 cuil. à soupe de jus de citron

Préchauffez le four à 150 °C (th. 5). Dans un saladier, battez le sucre et le beurre ramolli jusqu'à ce que le mélange blanchisse et devienne crémeux. Incorporez les blancs d'œuf en mélangeant bien. Ajoutez la farine, le zeste de citron, le sel et la levure, et mélangez énergiquement. Tout en continuant de mélanger, ajoutez progressivement le lait fermenté jusqu'à ce que vous obteniez une pâte lisse et homogène.

Beurrez des moules individuels. Versez-y la pâte, enfournez et laissez cuire pendant 20 minutes. Les gâteaux doivent rester le plus clairs possible pour conserver leur moelleux. Laissez-les refroidir à la sortie du four.

Préparez le glaçage : tout en mélangeant, ajoutez progressivement le jus de citron dans le sucre glace. Le glaçage ne doit pas être trop liquide ; si c'est le cas, ajoutez du sucre glace.

Lorsque les gâteaux ont refroidi, badigeonnez-les de glaçage en étalant ce dernier avec une spatule, puis laissez-le prendre 30 minutes au moins avant de déguster.

Vous trouverez du lait fermenté au rayon frais du supermarché. Vous pouvez remplacer le citron par de l'orange dans le gâteau, ainsi que dans le glaçage.

lait fermenté

mini-biscuits de Savoie
aux groseilles

Préparation : 20 min
Cuisson : 40 min

Pour une douzaine de petits biscuits
5 œufs
200 g de sucre
100 g de farine
100 g de fécule de pomme de terre
1 sachet de sucre vanillé
1 pincée de sel
125 g de groseilles
beurre pour les moules

Préchauffez le four à 130 °C (th. 4-5). Cassez les œufs en séparant les blancs des jaunes. Dans un saladier, fouettez les jaunes et le sucre jusqu'à ce que le mélange blanchisse et devienne mousseux. Incorporez la farine, la fécule de pomme de terre et le sucre vanillé.

Dans un autre saladier, montez les blancs d'œuf en neige avec une pincée de sel. Lorsque les blancs sont bien fermes, incorporez-les en trois fois au mélange précédent. Lavez les groseilles et égrainez-les, puis ajoutez-les à la pâte.

Beurrez des moules à muffin. Versez-y la pâte en répartissant les groseilles uniformément, enfournez et laissez cuire pendant 40 minutes environ. Laissez les biscuits refroidir avant de les démouler.

Veillez à bien mélanger les groseilles à la pâte ; si vous les déposez au fond du moule, elles noirciront vite à la cuisson. Incorporez les blancs d'œuf en trois fois : pour le premier tiers, mélangez la pâte et les blancs énergiquement ; pour le deuxième, soyez plus délicat ; pour le dernier tiers, soulevez doucement la pâte pour qu'elle soit bien aérée.

groseille

gâteaux moelleux à la rhubarbe

Préparation : 25 min
Repos : 2 h
Cuisson : 45 min

Pour une douzaine de petits gâteaux
125 g de farine
75 g de poudre d'amandes
150 g de beurre
125 g de cassonade

Pour le biscuit brioché :
20 cl de lait
10 g de levure fraîche de boulanger
5 cuil. à soupe de sucre
1 grosse pincée de sel
2 jaunes d'œuf
1 sachet de sucre vanillé
50 g de beurre
400 g de farine
750 g de rhubarbe
beurre pour les moules

Commencez par préparer le biscuit brioché. Faites tiédir le lait à feu doux sans le laisser bouillir, puis versez-le dans un bol, ajoutez la levure effritée, le sucre et le sel, et laissez le mélange reposer 30 minutes.

Fouettez les jaunes d'œuf avec le sucre vanillé jusqu'à ce que je mélange devienne mousseux ; incorporez-le à la préparation précédente. Faites fondre doucement le beurre et incorporez-le aussi à la pâte. Ajoutez enfin la farine et pétrissez le tout jusqu'à ce que la pâte forme une boule. Recouvrez-la d'un torchon et laissez-la gonfler 1 heure dans un endroit chaud.

Lavez la rhubarbe, épluchez-la pour retirer les fils et coupez-la en tronçons de 2 cm. Beurrez des moules à briochette. Garnissez-les de pâte, répartissez dedans les morceaux de rhubarbe et laissez reposer 30 minutes dans un endroit chaud.

Pendant ce temps, mélangez la farine, la poudre d'amandes et la cassonade. Coupez le beurre ramolli en petits morceaux, incorporez-le à la préparation et mélangez du bout des doigts afin d'obtenir un mélange sableux.

Préchauffez le four à 180 °C (th. 6). Répartissez le mélange précédent dans les moules, sur la pâte à biscuit brioché, enfournez et laissez cuire 45 minutes environ.

La préparation ajoutée sur le biscuit brioché apporte beaucoup de croustillant à ces petits gâteaux, mais vous pouvez bien sûr les confectionner sans elle. Vous pouvez également varier les fruits selon la saison : cassis, poires ou groseilles par exemple.

rhubarbe

gâteaux
au citron et au basilic

Préparation : 15 min
Cuisson : 25 min

Pour 8 petits gâteaux : ½ bouquet de basilic frais • 15 cl d'huile d'olive • 1 yaourt de lait de brebis nature • 250 g de sucre en poudre • 250 g de farine • 1 sachet de levure • 3 œufs • 1 citron non traité • beurre pour les moules

Préchauffez le four à 180 °C (th. 6). Lavez le basilic et effeuillez-le, puis mixez-le finement dans l'huile d'olive et réservez.

Dans un saladier, mélangez le yaourt avec le sucre et fouettez le tout vivement. Incorporez la farine et la levure progressivement, tout en continuant à fouetter. Battez les œufs à la fourchette, ajoutez-les à la préparation précédente et mélangez à nouveau. Prélevez le zeste du citron avec une petite râpe et pressez le fruit. Ajoutez l'huile au basilic, le jus et le zeste de citron, puis mélangez jusqu'à ce que vous obteniez une pâte homogène.

Beurrez des moules individuels. Versez-y la pâte en remplissant les moules aux trois quarts, enfournez et faites cuire pendant 25 minutes. Au terme de la cuisson, laissez les gâteaux refroidir avant de les démouler.

Pour un goût acidulé, enfoncez quelques framboises dans la pâte avant d'enfourner les moules. Vous pouvez également utiliser un yaourt aromatisé, à la vanille par exemple.

petits biscuits
à l'huile de noisette, à la vanille et à la brousse de brebis

Préparation : 15 min
Cuisson : 35 min

Pour 6 petits gâteaux : 250 g de brousse de brebis • 3 œufs • 1 cuil. à café d'extrait de vanille • 60 g de sucre en poudre • 5 cl d'huile de noisette • 40 g de Maïzena® • 3 cuil. à soupe de farine • 1 cuil. à café de levure • 2 ou 3 figues fraîches • beurre pour les moules • 1 sachet de sucre vanillé

Fouettez la brousse de brebis et les œufs dans un saladier. Ajoutez l'extrait de vanille, le sucre ainsi que l'huile de noisette, puis incorporez la Maïzena®, la farine et la levure. Mélangez jusqu'à ce que la préparation soit homogène.

Lavez et coupez les figues en quartiers. Beurrez des moules individuels et garnissez-les de pâte. Répartissez les morceaux de figue dans les moules, enfoncez-les dans la pâte et saupoudrez la surface de sucre vanillé. **E**nfournez et laissez cuire 35 minutes.

Vous pouvez remplacer la farine de blé par de la farine de châtaigne ; elle apportera un goût très différent. Vous pouvez également disposer des amandes effilées avant la cuisson sur le dessus des gâteaux, et remplacer les figues fraîches par des sèches.

mini-muffins
aux pépites de chocolat

Préparation : 20 min
Cuisson : de 15 à 20 min

Pour 20 mini-muffins : 70 g de beurre mou • 60 g de sucre en poudre • 1 œuf + 1 blanc • 120 g de farine • 1 pincée de sel • 2 cuil. à café de levure • 10 cl de lait • 70 g de pépites de chocolat

Préchauffer le four à 180 °C (th. 6). Dans un saladier, battez le beurre ramolli, coupé en morceaux, avec le sucre jusqu'à ce que le mélange blanchisse et devienne crémeux. Ajoutez l'œuf entier ainsi que le jaune et fouettez à nouveau. Ajoutez la farine, une pincée de sel et la levure, et mélangez énergiquement afin d'obtenir une pâte lisse. Incorporez alors le lait, en travaillant la pâte avec une cuillère en bois afin de la rendre homogène.
Ajoutez les pépites de chocolat et versez la préparation dans des caissettes en papier de 3 à 4 cm de diamètre, sans les remplir car la pâte va gonfler. Enfournez les mini-muffins et laissez-les cuire de 15 à 20 minutes. Ils doivent être dorés et légers.

Cette recette convient pour des muffins de taille normale, il suffit de remplacer les moules en papier par des moules à muffin traditionnels. Pour que les mini-muffins gardent une forme ronde et ne débordent pas, laissez deux ou trois caissettes en papier l'une dans l'autre avant de les remplir de pâte.

muffins
au Nutella®

Préparation : 15 min
Cuisson : 20 min

Pour 12 muffins : 150 g de beurre ramolli • 100 g de sucre en poudre • 3 œufs • 1 cuil. à soupe de vanille liquide • 7 cl de lait • 240 g de farine • 1 sachet de levure • beurre pour les moules • Nutella®

Préchauffez le four à 180 °C (th. 6). Dans un saladier, fouettez le beurre ramolli, coupé en morceaux, avec le sucre jusqu'à ce que le mélange blanchisse et devienne crémeux. Ajoutez les œufs, la vanille liquide et le lait, et mélangez à nouveau. Incorporez alors la farine et la levure, petit à petit, en mélangeant jusqu'à ce que le mélange soit homogène et parfaitement lisse.
Beurrez des moules à muffin et garnissez-les à moitié. **D**éposez 1 cuillerée à café de Nutella® sur la pâte et recouvrez avec de la pâte. **E**nfournez et laissez cuire pendant 20 minutes, puis dégustez les muffins encore tièdes.

Préférez ces muffins tièdes afin que le cœur au chocolat soit bien fondant ; si vous les avez préparés à l'avance et qu'ils sont froids, faites-les réchauffer rapidement avant de les déguster.

muffins
aux mûres

Préparation : 15 min
Cuisson : de 20 à 25 min

Pour 12 muffins : 125 g de mûres • 1 citron non traité • 75 g de beurre • 270 g de farine • 100 g de sucre en poudre • 3 pincées de sel • 1 sachet de levure • 1 œuf • 25 cl de lait • beurre pour les moules

Préchauffez le four à 200 °C (th. 6-7). Lavez les mûres. Prélevez le zeste du citron avec une petite râpe, puis pressez le fruit. Faites fondre doucement le beurre.
Dans un saladier, mélangez la farine, le sucre, le sel et la levure. Ajoutez l'œuf battu, le lait et le beurre fondu, puis mélangez énergiquement afin d'obtenir une pâte lisse et homogène. Incorporez le jus de citron ainsi que les zestes, et ajoutez délicatement les mûres.
Beurrez des moules à muffin et garnissez-les de pâte, en veillant à répartir uniformément les mûres. Enfournez et laissez cuire pendant 20 à 25 minutes. À la sortie du four, laisse les muffins refroidir sur une grille.

Préférez des mûres sauvages aux mûres du commerce, plus grosses et plus acides. Si vous pouvez cueillir des mûres vous-même, n'hésitez pas à le faire, vos muffins n'en seront que meilleurs.

muffins
à la poire
et à la confiture
de lait

Préparation : 15 min
Repos : 30 min
Cuisson : 20 min

Pour 6 muffins : 60 g de beurre • 30 g de sucre en poudre • 2 œufs • 100 g de farine • 2 cuil. à soupe rases de miel • ½ sachet de levure • 1 pincée de sel • 2 poires • beurre pour les moules • confiture de lait

Préchauffez-le four à 180 °C (th. 6). Faites fondre le beurre doucement. Dans un saladier, fouettez les œufs et le sucre jusqu'à ce que le mélange devienne mousseux. Ajoutez le miel et le beurre fondu, et battez énergiquement afin de bien amalgamer les masses. Incorporez alors la farine, la levure et le sel, puis laissez la pâte reposer 30 minutes au frais.
Épluchez les poires, coupez-les en petits dés et ajoutez-les délicatement à la pâte. Beurrez des moules à muffin. Garnissez-les à moitié de pâte, déposez par-dessus 1 grosse cuillerée à café de confiture de lait et recouvrez cette dernière de pâte. Enfournez et laissez cuire pendant 20 minutes, puis laissez les muffins refroidir avant de les démouler.

Vous pouvez remplacer la confiture de lait par du salidou (crème de caramel au beurre salé), que vous utiliserez de la même façon. N'hésitez pas à ajouter 1 cuillerée de confiture de lait sur le dessus des muffins avant de les déguster.

petits cakes au citron

Préparation : 15 min
Cuisson : 45 min

Pour 4 petits cakes
200 g de farine
½ sachet de levure
200 g de sucre en poudre
1 pincée de sel
1 citron non traité
100 g de beurre mou
2 œufs
8 cuil. à soupe de lait
beurre pour les moules

Préchauffez le four à 180 °C (th. 6). Dans un saladier, mélangez la farine, la levure, le sucre et le sel. Prélevez le zeste du citron avec une petite râpe, puis pressez le fruit. Coupez le beurre en dés.

Ajoutez le zeste et le jus de citron au mélange précédent. Incorporez le beurre ramolli et mélangez énergiquement. Ajoutez alors les œufs battus et le lait, et fouettez jusqu'à ce que vous obteniez une pâte lisse et homogène.

Beurrez des mini-moules à cake. Versez-y la pâte, enfournez et laissez cuire pendant 45 minutes. Au terme de la cuisson, laissez les cakes refroidir avant de les démouler.

Vous pouvez poser des tranches fines de citron sur les cakes à mi-cuisson. Pour obtenir un cake brillant, faites chauffer le jus d'un demi-citron avec du sucre en poudre et badigeonnez-en les cakes dès leur sortie du four.

zeste de citron

petits cakes
ananas
et fromage blanc

Préparation : 20 min
Cuisson : 40 min

Pour 6 petits cakes : 200 g d'ananas • 10 g de beurre demi-sel • 1 gousse de vanille • 200 g de sucre en poudre • 150 g de fromage blanc • 2 œufs • 300 g de farine • 1 sachet de levure • 12 cl de lait • beurre pour les moules

Préchauffez le four à 180 °C (th. 6). Coupez l'ananas en petits morceaux et poêlez-le dans le beurre demi-sel. Fendez la gousse de vanille et grattez l'intérieur pour récupérer les petites graines.
Dans un saladier, fouettez le sucre, les graines de vanille et le fromage blanc, puis incorporez les œufs un par un. Ajoutez la farine et la levure, et mélangez. Incorporez le lait, ajoutez les morceaux d'ananas poêlés et mélangez à nouveau.
Beurrez des mini-moules à cake et versez-y la pâte. Enfournez et laissez cuire pendant 40 minutes, puis laissez les cakes refroidir avant de les démouler.

Si vous n'avez pas d'ananas frais, vous pouvez utiliser de l'ananas au sirop ou surgelé.

petits cakes
marbrés

Préparation : 15 min
Cuisson : 45 min

Pour 6 petits cakes : 1 gousse de vanille • 100 g de sucre en poudre • 120 g de beurre mou • 2 œufs • 150 g de farine • ½ sachet de levure • 1 sachet de sucre vanillé • 70 g de Maïzena® • 10 cl de lait • 20 g de cacao en poudre • 1 cuil. à soupe de lait • beurre pour les moules

Préchauffez le four à 180 °C (th. 6). Grattez l'intérieur de la gousse de vanille pour récupérer les graines. Battez les deux sortes de sucre et les graines de vanille avec le beurre ramolli jusqu'à ce que le mélange blanchisse et devienne mousseux. Ajoutez les œufs un par un, mélangez énergiquement et incorporez la farine, la levure et la Maïzena®. Pour finir, incorporez le lait, en mélangeant bien afin d'obtenir une pâte homogène.
Transférez un tiers de la préparation dans un bol et incorporez-y le cacao et 1 cuillerée à soupe de lait. Beurrez des mini-moules à cake. Versez-y la pâte à la vanille jusqu'aux deux tiers de leur hauteur et terminez avec la pâte au cacao. Enfournez et laissez cuire 45 minutes.

Afin d'obtenir un bel effet, remuez doucement la pâte avec une cuillère, mais sans la mélanger. Dès la sortie du four, vous pouvez démouler les cakes et les envelopper immédiatement dans du film alimentaire ; ainsi, ils seront très moelleux.

ananas

petits cakes
au mascarpone et à la banane

Préparation : 15 min
Cuisson : 50 min

Pour 4 petits cakes : 3 bananes • 3 cuil. à soupe de cassonade • 10 g de beurre • 50 g de beurre demi-sel ramolli • 250 g de mascarpone • 100 g de sucre en poudre • 3 œufs • 120 g de farine • 1 sachet de levure • beurre pour les moules

Épluchez les bananes, coupez-les en rondelles et faites-les caraméliser dans une poêle avec le beurre et la cassonade. Lorsqu'elles commencent à dorer, mettez-les hors du feu.
Dans un saladier, mélangez le beurre demi-sel ramolli et le sucre jusqu'à ce que le mélange blanchisse et devienne crémeux. Incorporez le mascarpone doucement, ainsi que les œufs battus. Lorsque le mélange est homogène, ajoutez la farine et la levure, et mélangez à nouveau. Pour finir, ajoutez les bananes caramélisées et mélangez.
Beurrez des mini-moules à cake. Versez-y la pâte, enfournez et laissez cuire pendant 50 minutes.

Ce cake ne gonflera pas autant qu'un cake traditionnel. Pour lui donner plus de moelleux, séparez les blancs des jaunes d'œuf, puis mélangez les jaunes à la pâte et montez les blancs en neige avant de les incorporer.

visitandines

Préparation : 25 min
Cuisson : 15 min

Pour une quinzaine de biscuits : beurre pour les moules • 150 g de beurre • 100 g de sucre glace • 50 g de farine • 100 g de poudre d'amandes • 3 blancs d'œuf • 50 g de miel • 3 gouttes d'extrait d'amande amère

Préchauffez le four à 220 °C (th. 7-8). Beurrez des moules ronds de 5 cm de diamètre environ et réservez au frais.
Faites fondre doucement le beurre et laissez-le cuire quelques minutes, jusqu'à ce qu'il se colore légèrement et qu'il commence à avoir une odeur de noisette. Laissez-le refroidir et réservez.
Mélangez le sucre glace, la farine et la poudre d'amandes dans un saladier. Ajoutez les blancs d'œufs, et fouettez vivement afin que le mélange devienne homogène. Incorporez pour finir le beurre noisette froid ainsi que le miel et l'extrait d'amande amère.
Garnissez les moules à moitié, enfournez et laissez cuire pendant 15 minutes. À la sortie du four, laissez les biscuits reposer avant de les démouler.

L'étape du refroidissement des moules beurrés est importante pour que le beurre ne se mélange pas avec le reste de la préparation, qui risquerait sinon de coller à la paroi des moules.

amande amère

petits gâteaux façon tchaï

Préparation : 20 min
Repos : 30 min
Cuisson : de 15 à 20 min

Pour une dizaine de petits gâteaux
20 cl de lait
2 sachets de thé noir
2 cuil. à café de cannelle en poudre
1 pincée de gingembre
3 gousses de cardamome ouvertes
et grattées
3 clous de girofle
175 g de farine
1 sachet de levure
40 g de cassonade
50 g de beurre demi-sel mou
1 œuf
beurre pour les moules

Faites bouillir le lait dans une casserole. Mettez hors du feu et ajoutez le thé, 1 cuillerée à café de cannelle, le gingembre, la cardamome et les clous de girofle. Laissez infuser ce mélange pendant 30 minutes, en prenant soin de remuer régulièrement.

Préchauffez le four à 210 °C (th. 7). Dans un saladier, mélangez la farine, la levure, la cassonade et le reste de la cannelle. Détaillez le beurre ramolli en petits morceaux, ajoutez-le à la préparation précédente et travaillez la pâte du bout des doigts, puis incorporez l'œuf battu.

Filtrez le lait à l'aide d'une passoire à thé afin de retirer toutes les épices, versez-le sur la pâte et mélangez.

Beurrez des moules à dariole ou à muffin et versez-y la pâte, sans trop les remplir. Enfournez et laissez cuire pendant 15 à 20 minutes, puis laissez les gâteaux refroidir avant de les démouler.

Faites bien infuser le thé et les épices afin que le goût tchaï soit suffisamment prononcé.

clou de girofle

petits gâteaux
à la crème de riz

Préparation : 20 min
Cuisson : 30 min

Pour une dizaine de gâteaux : 200 g de beurre • 340 g de sucre • 6 jaunes d'œuf • 220 g de crème de riz • 20 cl de lait de coco • 3 blancs d'œuf • 30 g de noix de coco râpée

Préchauffez le four à 180 °C (th. 6). Dans un saladier, fouettez le beurre et le sucre jusqu'à ce que le mélange blanchisse et devienne crémeux. Ajoutez les jaunes d'œuf un par un, en mélangeant bien. Incorporez alors la crème de riz et le lait de coco.
Dans un autre saladier, battez les blancs d'œuf en neige. Lorsqu'ils sont bien fermes, incorporez-les délicatement à la préparation précédente. Pour finir, ajoutez la noix de coco râpée et mélangez à nouveau.
Doublez des petits moules individuels avec des caissettes en papier. Garnissez-les de pâte, enfournez et laissez cuire 30 minutes.

La crème de riz correspond à la farine de riz précuite ; on la trouve dans les magasins biologiques ou asiatiques.

petits gâteaux
à l'huile d'argan et à la fleur d'oranger

Préparation : 15 min
Cuisson : 45 min

Pour une dizaine de petits gâteaux : 125 g de beurre mou • 80 g de sucre en poudre • 3 cuil. à soupe de miel • 2 cuil. à soupe d'eau de fleur d'oranger • 3 cuil. à soupe d'huile d'argan • 3 œufs • 250 g de farine • ½ paquet de levure • 80 g de poudre d'amandes • beurre pour les moules

Dans un saladier, fouettez le beurre ramolli avec le sucre jusqu'à ce que le mélange blanchisse et devienne crémeux. Ajoutez le miel, l'eau de fleur d'oranger et l'huile d'argan, et mélangez. Incorporez les œufs battus, puis la farine, la levure et la poudre d'amandes, en mélangeant bien de façon à obtenir une pâte homogène.
Beurrez des moules individuels. Versez-y la préparation, enfournez et laissez cuire pendant 45 minutes.

Pour enrichir ces petits gâteaux très parfumés, n'hésitez pas à ajouter des fruits secs (noisettes ou noix de pécan concassées) dans la pâte. Vous pouvez aussi ajouter des raisins secs, que vous aurez fait gonfler dans de l'eau aromatisée à la fleur d'oranger.

lait de coco

petits pains de mie
aux cacahuètes

Préparation : 20 min
Repos : 1 h 45
Cuisson : de 15 à 20 min

Pour 6 à 8 petits pains
3 cuil. à soupe d'eau tiède
2 sachets de levure de boulanger
500 g de farine
12 g de sel
25 g de sucre en poudre
25 cl de lait
50 g de beurre ramolli
150 g de cacahuètes
beurre pour les moules

Mélangez l'eau tiède, la levure de boulanger et 1 cuillerée à soupe de farine, puis laissez l'ensemble reposer pendant 15 minutes.

Versez la farine, le sel, le sucre et le lait dans un saladier, mélangez et ajoutez la levure diluée. Pétrissez énergiquement la pâte pendant 5 minutes afin de la rendre homogène, puis couvrez-la avec un torchon propre et laissez-la reposer 1 heure dans un endroit chaud pour qu'elle gonfle.

Pétrissez la pâte pour lui redonner une taille normale. Incorporez le beurre mou en pétrissant, et ajoutez enfin les cacahuètes.

Beurrez des moules à cake de 10 cm de long environ et garnissez-les aux trois quarts de pâte. Couvrez-les d'un torchon propre et laissez de nouveau la pâte gonfler pendant 30 minutes.

Préchauffez le four à 180 °C (th. 6). Enfournez et laissez cuire pendant 15 à 20 minutes, jusqu'à ce que les petits pains soient dorés.

Vous pouvez également utiliser, dans les mêmes proportions, de la levure fraîche achetée chez le boulanger. Respectez bien les temps de pétrissage et de levée pour que vos petits pains soient bien moelleux.

cacahuète

amaretti à la rose

Préparation : 15 min
Cuisson : 10 min

Pour 20 amaretti environ
2 blancs d'œuf
1 pincée de sel
150 g sucre en poudre
50 g de farine
175 g de poudre d'amandes
3 cuil. à soupe d'eau de rose
sucre glace

Préchauffez le four à 180 °C (th. 6). Dans un saladier, fouettez les blancs d'œuf avec une pincée de sel. Dès qu'ils commencent à prendre, versez doucement le sucre afin de former un appareil à meringue. Lorsque ce dernier est bien lisse et brillant, incorporez la farine et la poudre d'amandes, en mélangeant délicatement à l'aide d'une spatule jusqu'à ce que la préparation soit homogène. Ajoutez alors l'eau de rose et mélangez à nouveau en soulevant la masse.

À l'aide d'une cuillère à café, formez des petites boules de pâte. Roulez-les dans un bol rempli de sucre glace, puis passez-les d'une main à l'autre pour retirer l'excédent de sucre. Disposez-les au fur et à mesure sur une plaque de cuisson recouverte de papier sulfurisé, en les espaçant de 5 cm les unes des autres.

Enfournez et laissez cuire pendant 10 minutes ; les amaretti vont se colorer légèrement. Dès la sortie du four, saupoudrez-les de sucre glace et laissez-les refroidir sur une grille. Ces biscuits doivent être croquants à l'extérieur et moelleux à l'intérieur.

Pour obtenir des amaretti de couleur rose, vous pouvez ajouter 2 ou 3 gouttes de colorant rouge dans la préparation. Vous pouvez également décliner arômes et couleurs : violette, coquelicot, citron ou orange.

eau de rose

amaretti

Préparation : 15 min
Cuisson : 10 min

Pour 20 amaretti environ : 2 blancs d'œuf • 1 pincée de sel • 175 g de poudre d'amandes • 150 g de sucre en poudre • 2 gouttes d'extrait d'amande amère • sucre glace

Préchauffez le four à 180 °C (th. 6). Dans un saladier, fouettez les blancs d'œuf avec une pincée de sel. Dès qu'ils commencent à prendre, versez doucement le sucre afin de former un appareil à meringue. Lorsque ce dernier est bien lisse et brillant, incorporez la farine et la poudre d'amandes, en mélangeant délicatement à l'aide d'une spatule jusqu'à ce que la préparation soit homogène. Ajoutez alors l'extrait d'amande amère et mélangez à nouveau en soulevant la masse.
À l'aide d'une cuillère à café, formez des petites boules de pâte. Roulez-les dans un bol rempli de sucre glace, puis passez-les d'une main à l'autre pour retirer l'excédent de sucre. Disposez-les au fur et à mesure sur une plaque de cuisson recouverte de papier sulfurisé, en les espaçant de 5 cm les unes des autres.
Enfournez et laissez cuire pendant 10 minutes ; les amaretti vont se colorer légèrement. Dès la sortie du four, saupoudrez-les de sucre glace et laissez-les refroidir sur une grille. Ces biscuits doivent être croquants à l'extérieur et moelleux à l'intérieur.

Vous pouvez remplacer l'extrait d'amande amère par de la liqueur d'amande, de l'amaretto par exemple. Ces biscuits se conservent très bien dans une boîte hermétique.

sacristains

Préparation : 10 min
Repos : 1 h
Cuisson : 15 min

Pour une douzaine de sacristains : 250 g de pâte feuilletée • 1 œuf • 100 g de sucre en poudre • 3 sachets de sucre vanillé • 60 g d'amandes effilées

Déroulez la pâte feuilletée sur le plan de travail fariné. Fouettez l'œuf avec 1 cuillerée à soupe d'eau et, en veillant à ne pas déborder, badigeonnez-en la pâte. Répétez l'opération deux fois, puis répartissez sur toute la surface la moitié du sucre en poudre, du sucre vanillé et des amandes effilées. Retournez la pâte et répétez l'opération.
Détaillcz la pâte en bandes de 2 cm de largeur. Attrapez-les par les extrémités et vrillez-les de façon à obtenir des serpentins. Disposez-les sur la plaque du four recouverte de papier sulfurisé, en veillant à bien les espacer. Réservez-les 1 heure au frais.
Préchauffez le four à 210 °C (th. 7). Enfournez les sacristains et laissez-les cuire 10 minutes, puis baissez la température du four à 180 °C (th. 6) et prolongez la cuisson de 5 minutes. Au terme de la cuisson, entrouvrez la porte du four et laissez les sacristains refroidir dedans.

Lorsque vous badigeonnez la pâte avec l'œuf, veillez à ne pas déborder, sinon elle ne gonflera pas. Vous pouvez bien sûr confectionner vous-même la pâte feuilletée, mais aussi l'acheter congelée en bloc.

beignets
de carnaval

Préparation : 10 min
Repos : 1 h
Cuisson : 5 min par tournée

Pour une trentaine de beignets : 500 g de farine • 10 g de sel • 50 g de sucre en poudre • 25 g de levure de boulanger • 5 œufs • 100 g de beurre fondu • rhum • huile de friture • sucre glace

Versez la farine dans un saladier, formez un puits et ajoutez le sel, le sucre, la levure, les œufs, le beurre fondu et un peu de rhum. Pétrissez le tout afin d'obtenir une pâte légère et souple, roulez-la en boule et réservez 1 heure. **É**talez la pâte sur un plan de travail fariné de façon qu'elle fasse 5 mm d'épaisseur et détaillez-la en losanges de 5 cm de long environ. **F**aites chauffer de l'huile, puis plongez-y quelques beignets et laissez-les cuire jusqu'à ce qu'ils commencent à se colorer. Égouttez-les soigneusement, posez-les sur du papier absorbant pour retirer le surplus d'huile et saupoudrez-les de sucre glace. Réservez dans un endroit sec.

Chaque région possède sa recette de beignets de carnaval, des bugnes en passant par les chichis ou les oreillettes. Voici une recette traditionnelle, à réaliser pour mardi gras ou tout au long de l'année !

cannelés
bordelais

Préparation : 10 min
Repos : 30 min
Cuisson : de 40 à 50 min par fournée

Pour une quarantaine de petits cannelés : 1 gousse de vanille • 50 cl de lait entier • 2 œufs + 1 jaune • 225 g de sucre cristal • 125 g de farine • 2 cuil. à café d'eau de fleur d'oranger • beurre pour les moules

Fendez la gousse de vanille et grattez l'intérieur pour récupérer les graines. Faites bouillir le lait avec la gousse et les graines de vanille. Mettez hors du feu et laissez tiédir. **B**attez les œufs à la fourchette et ajoutez le lait tiède, en mélangeant bien pour que les œufs ne cuisent pas dans le lait. Tout en continuant de battre, ajoutez le sucre, la farine et l'eau de fleur d'oranger. Laissez reposer cette pâte 30 minutes à température ambiante. **P**réchauffez le four à 200 °C (th. 6-7). Beurrez soigneusement les moules à cannelé et remplissez-les aux deux tiers. Enfournez et laissez cuire pendant 40 à 50 minutes, puis démoulez dès que les moules ont refroidi.

Les cannelés doivent être croquants à l'extérieur et moelleux à l'intérieur. Si vous utilisez des moules traditionnels en cuivre, mettez-les au congélateur 30 minutes avant de les garnir pour que le choc thermique renforce le croustillant du cannelé. Vous pouvez aussi remplacer l'eau de fleur d'oranger par du rhum ambré.

cannelés à la violette

Préparation : 10 min
Repos : 1 h
Cuisson : 40 min par fournée

**Pour une quarantaine
de petits cannelés**
50 cl de lait
3 jaunes d'œuf
120 g de sucre en poudre
1 cuil. à café d'arôme de violette
120 g de farine
violettes cristallisées

Portez le lait à ébullition, mettez-le hors du feu et laissez-le tiédir. Dans un saladier, battez les jaunes d'œuf et le sucre jusqu'à ce que le mélange blanchisse. Ajoutez l'arôme de violette et incorporez petit à petit le lait tiédi, puis la farine tout en continuant de fouetter. Vous devez obtenir une pâte lisse et liquide, que vous laisserez reposer 1 heure à température ambiante.

Préchauffez le four à 200 °C (th. 6-7). Beurrez soigneusement les moules à cannelé et déposez une fleur de violette cristallisée dans le fond de chacun d'eux. Garnissez-les aux deux tiers de pâte, enfournez et faites cuire pendant 40 minutes. À l'issue de la cuisson, laissez tiédir les cannelés et démoulez-les lorsque les moules ont refroidi.

Vous pouvez utiliser des plaques de moules à cannelé en silicone, qui vous permettront de faire plus de gâteaux à la fois. Au moment de servir, ajoutez une fleur de violette cristallisée dans le ceux du cannelé pour la décoration.

arôme de violette

cookies quinoa-amandes

Préparation : 15 min
Repos : 1 h
Cuisson : 12 min

Pour une vingtaine de cookies
1 gousse de vanille
150 g de flocons de quinoa
30 cl de lait de soja
50 g de poudre d'amandes
40 g de farine
1 sachet de sucre vanillé
30 g de beurre demi-sel mou
1 œuf
75 g d'amandes hachées
10 g d'amandes effilées

Fendez la gousse de vanille et grattez l'intérieur pour récupérer les graines. Versez les flocons de quinoa dans une casserole et ajoutez le lait de soja, les graines et la gousse de vanille. Faites chauffer à feu doux jusqu'à ce que le quinoa ait complètement absorbé le lait de soja. À la fin de la cuisson, retirez la gousse de vanille.

Mélangez la poudre d'amandes, la farine et le sucre vanillé dans un saladier. Coupez le beurre ramolli en petits morceaux et ajoutez-le à la préparation précédente, en mélangeant du bout des doigts. Incorporez l'œuf battu, les amandes hachées ainsi que le quinoa. Mélangez jusqu'à ce que vous obteniez une pâte homogène et collante, puis laissez-la reposer 1 heure au frais.

Préchauffez le four à 210 °C (th. 7). Disposez des petits tas de pâte sur la plaque du four recouverte de papier sulfurisé et étalez la pâte avec le dos d'une cuillère pour façonner des cookies. Dispersez quelques amandes effilées sur chaque biscuit, enfournez et laissez cuire pendant 12 minutes, jusqu'à ce que les cookies soient dorés.

Surveillez bien la cuisson des cookies : si elle est trop longue, les bords vont noircir, mais si elle est trop courte, les biscuits manqueront de croustillant. Soyez donc très attentif à la coloration des biscuits.

quinoa

cookies
au chocolat blanc

Préparation : 15 min
Cuisson : 12 min

Pour une vingtaine de cookies : 100 g de chocolat blanc • 100 g de beurre mou • 75 g de sucre en poudre • 75 g de sucre roux • ½ cuil. à café de sel • ½ cuil. à soupe d'essence de vanille • 1 œuf • 145 g de farine • ½ cuil. à café de levure • 50 g de poudre de noisettes

Préchauffez le four à 200 °C (th. 6-7). Coupez le chocolat blanc en tout petits morceaux. Dans un saladier, battez le beurre ramolli et les sucres jusqu'à ce que le mélange devienne mousseux. Incorporez le sel, l'essence de vanille et l'œuf, en mélangeant pour bien homogénéiser la préparation. Pour finir, ajoutez la farine, la levure, la poudre de noisettes et les morceaux de chocolat blanc, et mélangez.
À l'aide d'une cuillère à café, déposez des quenelles de pâte sur la plaque du four recouverte de papier sulfurisé, en les espaçant bien les unes des autres. Aplatissez la pâte avec le dos de la cuillère de manière à donner leur forme aux cookies. Enfournez et faites cuire pendant 12 minutes, puis laissez refroidir les biscuits avant de les décoller de la plaque.

Veillez à bien mélanger la préparation afin que le chocolat blanc soit parfaitement enrobé de pâte (ce chocolat, plus fragile que le noir, doit être recouvert de biscuit).

cookies
au muesli
et aux raisins secs

Préparation : 15 min
Cuisson : 15 min

Pour une vingtaine de cookies environ : 100 g de sucre roux • 40 g de sucre en poudre • 125 g de beurre mou • 1 œuf • 1 cuil. à café de vanille liquide • 65 g de lait en poudre • 170 g de farine • ½ cuil. à café de sel • ½ cuil. à café de bicarbonate de soude • 1 cuil. à café de cannelle • 20 g de poudre de noix de coco • 50 g de raisins secs • 200 g de muesli

Préchauffez le four à 160 °C (th. 5-6). Dans un saladier, fouettez les sucres avec le beurre ramolli jusqu'à ce que le mélange devienne crémeux. Ajoutez l'œuf ainsi que la vanille, et mélangez pour obtenir une pâte lisse.
Incorporez le lait en poudre, la farine, le sel, le bicarbonate de sodium et la cannelle, en mélangeant bien le tout. Ajoutez alors la noix de coco, les raisins secs et le muesli.
Formez des boules de pâte à l'aide d'une cuillère à soupe, disposez-les sur la plaque du four couverte de papier sulfurisé et aplatissez-les. Enfournez et laissez cuire 15 minutes, jusqu'à ce que les cookies soient dorés. Au terme de la cuisson, laissez-les refroidir sur une grille.

Vous pouvez aussi utiliser du muesli aux fruits. Les cookies se conservent très bien une semaine dans une boîte hermétique ; ils y gagneront un peu de moelleux.

noisette

cookies chocolat–nougatine

Préparation : 15 min
Repos : 1 h
Cuisson : 8 min

Pour 18 cookies
120 g de chocolat
100 g de beurre
1 œuf
1 sachet de sucre vanillé
80 g de sucre en poudre
1 pincée de sel
150 g de farine
80 g de nougatine en grains

Coupez le chocolat et le beurre en morceaux, et faites-les fondre doucement au bain-marie.

Dans un saladier, battez l'œuf avec le sucre vanillé, le sucre et le sel jusqu'à ce que le mélange blanchisse et devienne mousseux. Incorporez la farine, en mélangeant afin d'obtenir une préparation lisse et homogène, puis ajoutez le beurre et le chocolat fondu, et mélangez jusqu'à ce qu'ils soient parfaitement incorporés. Ajoutez 60 g de pépites de nougatine et réservez le reste pour la décoration. Formez une boule avec la pâte et réservez 1 heure au frais.

Préchauffez le four à 180 °C (th. 6). Faites des boules de pâte à l'aide d'une cuillère à soupe, disposez-les sur la plaque du four tapissée de papier sulfurisé et aplatissez-les avec le dos de la cuillère pour obtenir des cookies d'environ 7 cm de diamètre. Veillez à bien espacer les biscuits et saupoudrez chacun d'eux de quelques pépites de nougatine. Enfournez les cookies et laissez-les cuire pendant 8 minutes.

Vous trouverez des pépites de nougatine au rayon farine des supermarchés. Vous pouvez également confectionner vous-même de la nougatine et la casser pour former des pépites. Si vous aimez les cookies bien croquants, faites-les cuire 10 minutes.

nougatine

financiers à la pistache
et à la framboise

Préparation : 15 min
Cuisson : 12 min

Pour une trentaine de petits financiers
130 g de beurre
4 blancs d'œuf
150 g de sucre glace
45 g de farine
75 g de poudre d'amandes
1 cuil. à soupe de pâte de pistaches
1 cuil. à soupe de lait
quelques framboises

Préchauffez le four à 180 °C (th. 6). Faites fondre le beurre à feu doux et laissez-le se colorer jusqu'à ce qu'il ait l'odeur de noisette. Mettez hors du feu et laissez refroidir.
Dans un saladier, battez les blancs d'œuf et le sucre glace jusqu'à ce que l'ensemble soit mousseux. Ajoutez la farine et la poudre d'amandes, et mélangez énergiquement pour obtenir un mélange souple.
Dans une casserole, délayez la pâte de pistaches en la faisant chauffer avec le lait. Incorporez la pâte de pistaches et le beurre noisette au mélange précédent, en mélangeant jusqu'à ce que la pâte soit lisse et homogène.
Répartissez-la dans les alvéoles d'un moule à financiers en silicone et plantez une framboise dans chacun d'eux. Enfournez et laissez cuire pendant 12 minutes environ, puis laissez refroidir avant de démouler.

Lorsque ce n'est pas la saison des framboises, vous pouvez utiliser des framboises surgelées, que vous enfoncerez dans la pâte juste avant la cuisson, sans les faire décongeler au préalable.

framboise

financiers
amande-noisette

Préparation : 15 min
Cuisson : 10 min

Pour une quarantaine de petits financiers : 150 g de beurre doux • 45 g de poudre d'amandes • 40 g de poudre de noisettes • 50 g de farine • 150 g de sucre glace • 3 blancs d'œuf

Préchauffez le four à 200 °C (th. 6-7). Faites fondre le beurre à feu doux et laissez-le se colorer jusqu'à ce qu'il ait l'odeur de noisette. Réservez et laissez refroidir.

Mélangez la poudre d'amandes, la poudre de noisettes, la farine et le sucre glace dans un saladier. Incorporez les blancs d'œuf, en mélangeant énergiquement. Quand le beurre noisette est refroidi, ajoutez-le dans la préparation et mélangez à nouveau afin d'obtenir une pâte lisse et homogène.

Versez la pâte dans les alvéoles d'un moule à financiers en silicone, enfournez et laissez cuire pendant 10 minutes. À l'issue de la cuisson, laissez les biscuits refroidir avant de les démouler.

Vous pouvez torréfier les poudres d'amandes et de noisettes en les passant 5 minutes au four bien chaud.

financiers
à l'huile d'olive et aux fraises

Préparation : 15 min
Cuisson : de 15 à 20 min

Pour 25 petits financiers environ : 50 g de farine • 100 g de poudre d'amandes • 75 g de sucre en poudre • 2 blancs d'œuf • 1 citron non traité • 15 cl d'huile d'olive • 250 g de fraises

Préchauffez le four à 180 °C (th. 6). Dans un saladier, mélangez la farine, la poudre d'amandes et le sucre. Dans un bol, faites mousser les blancs d'œufs et incorporez-les au précédent mélange. Prélevez le zeste du citron avec une petite râpe, et pressez le fruit. **A**joutez l'huile d'olive, le zeste et le jus du citron. Lavez les fraises, équeutez-les et coupez-les en deux si elles sont trop grosses. **V**ersez la pâte dans les alvéoles d'un moule à financiers en silicone et plantez une fraise dans chacun d'eux. Enfournez et faites cuire de 15 à 20 minutes. Au terme de la cuisson, laissez les financiers refroidir avant de démouler.

Choisissez une huile d'olive douce pour cette recette. Le goût est subtil mais très présent ; il donne une texture fondante aux financiers, douceur qui se marie très bien aux fraises. Si vous le pouvez, achetez des fraises de la variété mara des bois.

financiers
à l'ancienne

Préparation : 15 min
Repos : 30 min
Cuisson : 12 min

Pour une quarantaine de petits financiers : 175 g de beurre • 1 cuil. à soupe rase de miel liquide • 75 g de farine • 1 pincée de sel • 100 g d'amandes en poudre • 175 g de sucre glace • 6 blancs d'œuf

Faites fondre le beurre doucement jusqu'à ce qu'il se colore et qu'il commence à avoir une odeur de noisette. Versez-le dans un bol, ajoutez le miel et laissez refroidir.

Dans un saladier, mélangez la farine, le sel, les amandes en poudre et le sucre. Battez les blancs d'œuf pour qu'ils deviennent mousseux et ajoutez-les au mélange précédent tout en fouettant. Ajoutez le beurre noisette additionné du miel et mélangez à nouveau.

Remplissez les alvéoles d'un moule à financiers en silicone et laissez la pâte reposer 30 minutes au frais. Préchauffez le four à 200 °C (th. 6-7).

Enfournez les financiers et laissez-les cuire pendant 12 minutes ; ils doivent être dorés. Laissez-les refroidir avant de les démouler.

Si vous utilisez des moules traditionnels en métal, beurrez-les avant de commencer la recette et placez-les au frais avant de les garnir de pâte.

digestives

Préparation : 15 min
Repos : 30 min
Cuisson : 15 min

Pour 18 biscuits environ : 100 g de flocons d'avoine • 100 g de farine complète • 1 cuil. à café de levure • 50 g de sucre roux • 100 g de beurre demi-sel mou • 2 cuil. à soupe de lait

À l'aide d'un mixeur, broyez les flocons d'avoine afin d'obtenir une poudre très fine. Mélangez celle-ci dans un saladier avec la farine, la levure et le sucre roux. Coupez le beurre ramolli en morceaux, ajoutez-le au mélange sec et travaillez la pâte du bout des doigts afin d'obtenir un mélange sableux. Ajoutez le lait et formez une boule de pâte, puis entourez-la de film alimentaire et réservez-la 30 minutes au frais.

Préchauffez le four à 180 °C (th. 6). Sur le plan de travail fariné, étalez la pâte le plus finement possible et découpez dedans les biscuits à l'aide d'un emporte-pièce rond d'environ 5 cm de diamètre. Disposez les biscuits sur la plaque du four recouverte de papier sulfurisé. Enfournez et laissez cuire pendant 15 minutes, jusqu'à ce que les biscuits soient dorés. Laissez-les refroidir avant de les déguster.

La pâte est relativement difficile à travailler, aussi n'hésitez pas à la fariner généreusement et à l'étaler par petits morceaux.

miel

florentins au caramel

Préparation : 15 min
Cuisson : 20 min

Pour une cinquantaine de petits florentins

100 g de crème fraîche

95 g de sucre en poudre

30 g de miel

125 g d'amandes effilées

60 g de pistaches mondées non salées

150 g de chocolat noir.

Préchauffez le four à 200 °C (th. 6-7). Portez à ébullition la crème, le sucre et le miel, puis laissez cuire l'ensemble pendant 5 minutes.

Mettez hors du feu, ajoutez les amandes ainsi que les pistaches, et mélangez bien.

Répartissez la préparation dans des petits moules plats, enfournez et laissez cuire pendant 10 minutes.

Au terme de la cuisson, laissez refroidir les florentins avant de les démouler.

Coupez le chocolat en morceaux et faites-le fondre au bain-marie. Quand il est parfaitement fondu, laissez-le refroidir à température ambiante pendant 5 minutes. Trempez-y le fond des florentins pour les napper de chocolat, puis laissez-les prendre sur une grille.

Vous pouvez ajouter des fruits secs ou confits à la préparation ; dans ce cas, diminuez la quantité d'amandes effilées. Il n'est pas nécessaire de graisser vos moules, car les florentins se détachent très bien après avoir refroidi.

crème fraîche

kouign-amann individuels

Préparation : 30 min
Repos : 1 h
Cuisson : 25 min

Pour 6 petits kouign-amann
25 g de levure de boulanger
20 cl d'eau tiède
250 g de sucre en poudre
500 g de farine
240 g de beurre demi-sel
1 œuf battu
beurre pour les moules

Dans un saladier, dissolvez la levure ainsi qu'une pincée de sucre en poudre dans l'eau tiède. Incorporez la farine et pétrissez la pâte afin qu'elle devienne lisse et homogène. Couvrez la préparation avec un torchon propre et laissez-la reposer 1 heure dans un endroit chaud.

Préchauffez votre four à 200 °C (th. 6-7). Divisez la pâte en six boules et répétez les gestes qui suivent pour chacune d'entre elles : sur le plan de travail fariné, étalez la pâte de façon à obtenir un carré, répartissez 40 g de beurre coupé en morceaux sur toute la surface et saupoudrez de sucre ; ramenez chacun des quatre coins vers le centre et étalez de nouveau la pâte en carré, puis recommencez trois fois cette dernière opération.

Beurrez des moules à tartelette lisses, placez-y les morceaux de pâte et badigeonnez la surface d'œuf battu à l'aide d'un pinceau. Enfournez et laissez cuire pendant 25 minutes. Laissez refroidir les gâteaux à la sortie du four, mais dégustez-les encore tièdes.

Ce gâteau au beurre, comme son nom l'indique en breton, est très calorique mais délicieux pour les bouches les plus difficiles. Préférez du beurre salé, selon la recette originale. Travailler la pâte quatre fois de suite est très important pour obtenir des petits gâteaux feuilletés, mais vous n'ajouterez le beurre et le sucre que lors de la première abaisse.

beurre demi-sel

mini-kouglofs

Préparation : 30 min
Repos : 2 h
Cuisson : de 35 à 40 min

Pour 6 mini-kouglofs
125 g de raisins secs
25 g de levure de boulanger
20 cl de lait tiède
500 g de farine
5 g de sel
75 g de sucre
2 œufs
150 g de beurre mou
beurre pour les moules
40 g d'amandes effilées
sucre glace pour saupoudrer

Mettez les raisins dans un bol d'eau tiède et laissez-les gonfler.

Dans un autre bol, mélangez la levure avec la moitié du lait tiède et 1 cuillerée à soupe de farine. Bien mélanger et laissez ce levain reposer 30 minutes dans un endroit chaud.

Dans un saladier, mélangez le reste de farine et de lait, le sel, le sucre et les œufs battus. Pétrissez la pâte pendant 10 minutes afin qu'elle soit bien homogène.

Ajoutez le levain et pétrissez à nouveau pour bien l'incorporer. Détaillez le beurre ramolli en petits dés, ajoutez-le à la pâte et travaillez celle-ci énergiquement. Couvrez-la d'un torchon propre et laissez-la gonfler dans un endroit chaud pendant 1 heure.

Tapotez la pâte afin de lui faire reprendre son volume initial. Égouttez les raisins et ajoutez-les à la pâte.

Beurrez généreusement des minimoules à kouglof, déposez des amandes effilées dans chaque cannelure et garnissez les moules de pâte aux deux tiers. Laissez encore la pâte gonfler au chaud jusqu'à ce qu'elle arrive au bord des moules.

Préchauffez le four à 210 °C (th. 7). Enfournez et laissez cuire pendant 35 à 40 minutes. À la sortie du four, démoulez les kouglofs et saupoudrez-les de sucre glace.

Veillez à ne pas diluer la levure dans du lait trop chaud ; il doit être tiède afin que la levure puisse agir. Si le dessus des kouglofs brunit trop vite durant la cuisson, couvrez les moules de papier d'aluminium.

raisins secs

macarons à l'huile d'olive
et à la vanille

Préparation : 45 min
Repos : 20 min
Cuisson : de 10 à 12 min

Pour une trentaine de petits macarons

5 blancs d'œuf

1 pincée de sel

150 g de sucre semoule

200 g de sucre glace

170 g de poudre d'amandes

1 gousse de vanille

1 pincée de poudre de vanille

20 cl d'huile d'olive

Pour la crème au beurre
à l'huile d'olive :

1 gousse de vanille

10 cl de lait entier

2 œufs

80 g de sucre en poudre

250 g de beurre mou en morceaux

5 cl d'huile d'olive

Montez les blancs en neige avec le sel. Quand ils sont fermes, ajoutez petit à petit le sucre semoule sans cesser de fouetter, jusqu'à ce que l'appareil soit lisse et brillant. Incorporez le sucre glace et la poudre d'amandes. Grattez l'intérieur de la gousse de vanille pour récupérer les graines et ajoutez-les à la préparation avec la poudre de vanille et l'huile d'olive.

Garnissez une poche à douille lisse de cette préparation et dressez des disques de 4 cm de diamètre sur la plaque du four recouverte de papier sulfurisé. Réservez 20 minutes dans un endroit sec.

Préparez la crème au beurre. Fendez la gousse de vanille et récupérez les graines. Faites bouillir le lait avec la gousse et les graines de vanille. Mettez hors du feu et retirez la gousse. Fouettez les œufs avec le sucre jusqu'à ce que le mélange blanchisse et devienne mousseux. Incorporez le lait petit à petit, remettez dans la casserole et faites cuire sur feu doux en remuant jusqu'au premier bouillon. Mettez hors du feu et fouettez la crème jusqu'à ce qu'elle soit froide, puis incorporez le beurre et, petit à petit, l'huile d'olive en fouettant énergiquement. Réservez au frais.

Préchauffez le four à 150 °C (th. 5). Enfournez les macarons pour 10 à 12 minutes. Décollez-les délicatement avec une spatule et laissez-les refroidir. Garnissez la moitié d'entre eux de crème au beurre, couvrez avec les autres macarons afin de former des sandwichs et réservez au frais.

Versez un peu d'eau entre la plaque de cuisson et le papier sulfurisé à la sortie du four, cela facilitera le décollage des biscuits.

vanille

macarons
d'Amiens

Préparation : 15 min
Repos : 8 h
Cuisson : de 17 à 20 min

Pour une vingtaine de macarons : 200 g de sucre en poudre • ½ cuil. à café de vanille en poudre (ou 1 cuil. à café de vanille liquide) • 250 g de poudre d'amandes • 1 jaune d'œuf • 1 ou 2 blancs d'œuf • 1 cuil. à soupe de miel • 1 cuil. à soupe de gelée d'abricot • 1 cuil. à café d'extrait d'amande amère

Dans un saladier, mélangez le sucre, la vanille, la poudre d'amandes, le miel et le jaune d'œuf. **F**ouettez les blancs à la fourchette pour les détendre, puis incorporez-les petit à petit à la préparation précédente jusqu'à ce qu'elle ait la consistance de la pâte d'amandes. Ajoutez la gelée d'abricot et l'extrait d'amande amère, et travaillez la pâte afin qu'elle soit homogène. Formez une boule, enveloppez-la dans du film alimentaire et laissez-la reposer une nuit au frais.
Préchauffez le four à 170 °C (th. 5-6). Sur le plan de travail fariné, roulez la pâte en un boudin de 4 cm de diamètre et détaillez-le en tranches de 2 cm d'épaisseur. Disposez-les sur la plaque du four recouverte de papier sulfurisé, enfournez et laissez cuire de 17 à 20 minutes. Retirez les macarons du four lorsqu'ils sont dorés.

macarons
de Nancy

Préparation : 15 min
Repos : 30 min
Cuisson : 20 min

Pour 25 macarons environ : 350 g de sucre glace • 200 g de poudre d'amandes • 1 sachet de sucre vanillé • 4 petits blancs d'œuf

Mélangez le sucre glace, le sucre vanillé et la poudre d'amandes. Détendez les blancs d'œuf à la fourchette et incorporez-les au mélange précédent, en travaillant énergiquement la pâte pendant 2 à 3 minutes.
Préchauffez le four à 180 °C (th. 6). Garnissez de pâte une poche à douille lisse et dressez sur la plaque du four recouverte de papier sulfurisé des disques de 5 cm de diamètre. Veillez à bien les espacer les uns des autres pour éviter qu'ils se chevauchent à la cuisson. Humidifiez-les à l'aide d'un pinceau et laissez-les reposer pendant 30 minutes à température ambiante.
Enfournez et laissez cuire 10 minutes. Entrouvrez alors la porte du four et prolongez la cuisson de 10 minutes. Retirez les macarons du four dès qu'ils commencent à dorer. Décollez-les à l'aide d'une spatule et laissez-les refroidir sur une grille, sans les empiler.

Ces macarons, qui peuvent se conserver une quinzaine de jours, sont souvent bien meilleurs le lendemain de leur cuisson. Versez un peu d'eau entre la plaque de cuisson et le papier sulfurisé à la sortie du four, cela facilitera le décollage des biscuits.

abricot

macarons au fenouil
et à la confiture de tomates vertes

Préparation : 1 h
Repos : 20 min
Cuisson : de 10 à 12 min + 2 h

Pour une trentaine de petits macarons

30 g de graines de fenouil
5 blancs d'œuf
1 pincée de sel
150 g de sucre en poudre
200 g de sucre glace
170 g de poudre d'amandes
graines de fenouil pour parsemer

Pour la confiture :
400 g de tomates vertes
1 gousse de vanille
300 g de sucre cristallisé
½ cuil. à café de fenouil en poudre
1 citron

Préparez la confiture de tomates vertes : détaillez les tomates en dés, en retirant le cœur et un maximum de pépins. Fendez la gousse de vanille et grattez l'intérieur pour récupérer les graines. Faites mijoter les tomates, le sucre, le fenouil en poudre, le jus du citron et les graines de vanille pendant 2 heures. Passez la compotée obtenue au moulin à légumes ou au mixeur, et réservez.

Mixez finement les graines de fenouil. Montez les blancs d'œuf en neige avec le sel à l'aide d'un batteur électrique. Lorsqu'ils sont bien fermes, ajoutez progressivement le sucre semoule tout en continuant à fouetter jusqu'à l'obtention d'un appareil à meringue lisse et brillant. Ajoutez alors le sucre glace, le fenouil mixé et la poudre d'amandes à l'aide d'une spatule souple.

Garnissez une poche à douille lisse de cette préparation et dressez des disques d'un diamètre de 4 cm sur la plaque du four recouverte de papier sulfurisé. Tapez légèrement la plaque et laissez reposer 20 minutes dans un endroit sec.

Préchauffez le four à 150 °C (th. 5). Parsemez les macarons de graines de fenouil entières et enfournez-les pour 10 à 12 minutes. Décollez-les délicatement avec une spatule et laissez-les refroidir. Garnissez la moitié d'entre eux de confiture, couvrez avec les autres macarons afin de former des sandwichs et réservez au frais.

Variante : graines de courge et compotée de potiron vanillée…

tomate verte

macarons à la pistache

Préparation : 45 min
Repos : 50 min
Cuisson : 12 min

Pour 30 petits macarons environ

60 g de pistaches vertes mondées non salées

75 g de poudre d'amandes

225 g de sucre glace

3 blancs d'œuf

1 pincée de sel

25 g de sucre semoule

10 gouttes de colorant vert

quelques pistaches concassées pour le décor

Pour la ganache :

2 jaunes d'œuf

2 sachets de sucre vanillé

100 g de crème liquide entière

50 g de pâte de pistaches

20 g de beurre

Mixez les pistaches, ajoutez la poudre d'amandes et le sucre glace, et mixez encore jusqu'à ce que le mélange soit très fin.

Montez les blancs d'œuf en neige avec une pincée de sel et ajoutez petit à petit le sucre semoule, en fouettant pour obtenir un appareil lisse et brillant. Ajoutez le colorant, puis le mélange mixé, en mélangeant avec une spatule.

Garnissez une poche à douille lisse de cette préparation et dressez des disques de 4 cm de diamètre sur la plaque du four recouverte de papier sulfurisé. Tapotez la plaque et laissez reposer 20 minutes dans un endroit sec.

Préparez la ganache à la pistache. Fouettez les jaunes avec 1 sachet de sucre. Faites chauffer doucement la crème avec la pâte de pistaches et l'autre sachet de sucre. Quand le mélange bout, ajoutez les œufs sucrés et laissez cuire à feu doux, toujours en fouettant, jusqu'à ce que l'ensemble épaississe. Mettez hors du feu et continuez à fouetter pour le faire refroidir, puis incorporez le beurre, coupé en morceaux. Laissez la ganache refroidir complètement et réservez-la au frais 30 minutes.

Préchauffez le four à 150 °C (th. 5). Parsemez les macarons de pistaches concassées, enfournez et faites cuire pendant 12 minutes. À la sortie du four, laissez les macarons refroidir avant de les décoller. Garnissez la moitié des macarons avec la ganache à la pistache et couvrez-les des autres biscuits pour former des sandwichs. Conservez au frais.

pistache verte

macarons à la rose

Préparation : 35 min
Repos : 30 min
Cuisson : de 10 à 12 min

Pour une trentaine de macarons
5 blancs d'œuf
1 pincée de sel
50 g de sucre semoule
290 g de sucre glace
190 g de poudre d'amandes
colorant rouge

Pour la crème au beurre à la rose :
50 g de beurre mou
25 g de sucre glace
2 cuil. à café d'eau de rose

Préchauffez le four à 150 °C (th. 5). Montez à l'aide d'un batteur électrique les blancs d'œuf en neige avec une pincée de sel. Lorsqu'ils sont bien fermes, ajoutez progressivement le sucre semoule tout en continuant à fouetter jusqu'à l'obtention d'un appareil à meringue lisse et brillant. Ajoutez alors le sucre glace et la poudre d'amandes, puis quelques gouttes de colorant rouge, en mélangeant avec une spatule souple. Garnissez une poche à douille lisse de cette préparation et dressez des disques de 4 cm de diamètre sur la plaque du four recouverte de papier sulfurisé.

Enfournez et laissez cuire pendant 10 à 12 minutes, puis laissez refroidir les macarons avant de les décoller de la feuille de papier sulfurisé à l'aide d'une spatule.

Préparez la crème au beurre. Fouettez le beurre ramolli dans un saladier afin qu'il se transforme en pommade. Ajoutez le sucre glace et l'eau de rose, et fouettez afin d'obtenir un mélange crémeux. Réservez cette préparation au frais pendant 30 minutes.

Lorsque les macarons sont froids, remplissez une poche à douille avec la crème au beurre et garnissez-en la moitié des macarons. Posez sur ceux-ci les autres macarons afin de former des sandwichs, et réservez au frais.

Vous pouvez ajouter du colorant dans la crème au beurre, mais le résultat est très joli sans cela étant donné que les biscuits sont déjà rosés.

sucre glace

mini-madeleines à l'ancienne

Préparation : 15 min
Repos : 8 h
Cuisson : de 7 à 8 min

**Pour une quarantaine
de mini-madeleines**
65 g de farine
60 g de fécule de pomme de terre
½ sachet de levure
125 g de sucre
2 œufs
125 g de beurre
1 cuil. à soupe d'eau de fleur d'oranger
beurre pour les moules

Mélangez intimement la farine, la fécule de pomme de terre, la levure et le sucre. Ajoutez délicatement les œufs battus. Faites fondre le beurre à feu doux, puis incorporez-le à la préparation et ajoutez pour finir l'eau de fleur d'oranger. Laissez reposer cette pâte au frais pendant une nuit.

Le lendemain, préchauffez le four à 200 °C (th. 6-7). Beurrez généreusement des minimoules à madeleine et garnissez-les de pâte aux trois quarts. Enfournez et laissez cuire pendant 7 à 8 minutes, jusqu'à ce que les madeleines soient dorées. À l'issue de la cuisson, sortez les biscuits du four et laissez-les refroidir avant de les démouler.

Le repos de la pâte est indispensable pour la légèreté de ces biscuits, mais aussi pour obtenir le dôme caractéristique des madeleines !

eau de fleur
d'oranger

madeleines aux deux chocolats

Préparation : 20 min
Cuisson : de 12 à 15 min

Pour 25 madeleines
3 œufs
120 g de sucre semoule
100 g de farine
2 cuil. à café de levure
100 g de beurre fondu
75 g de chocolat blanc
75 g de chocolat noir
3 pincées de cannelle en poudre
beurre pour les moules

Dans un saladier, fouettez les œufs et le sucre énergiquement afin que le mélange blanchisse et devienne mousseux. Incorporez la farine et la levure, en mélangeant bien afin d'obtenir une pâte lisse. Faites fondre le beurre doucement et incorporez-le délicatement.

Préparez deux bains-marie ; faites fondre le chocolat blanc dans l'un et le chocolat noir dans l'autre. Divisez la pâte à madeleines dans deux bols. Dans le premier, ajoutez le chocolat noir fondu et la cannelle ; dans le second, ajoutez le chocolat blanc fondu. Mélangez bien les deux préparations afin d'obtenir deux pâtes lisses et homogènes.

Préchauffez le four à 200 °C (th. 6-7). Beurrez généreusement des moules à madeleine. Garnissez-les de pâte, en commençant par la pâte au chocolat noir et en finissant par celle au chocolat blanc. Ne remplissez pas les alvéoles complètement.

Enfournez et faites cuire pendant 12 à 15 minutes, jusqu'à ce que les madeleines soient bien gonflées. Au terme de la cuisson, sortez-les du four et laissez-les refroidir avant de les démouler.

Afin d'obtenir un bel effet marbré à l'intérieur des madeleines, remuez brièvement les deux pâtes ensemble, avec le manche d'une petite cuillère par exemple et sans pour autant les mélanger, avant d'enfourner.

chocolat

madeleines
au thé matcha

Préparation : 15 min
Cuisson : 10 min

Pour une trentaine de madeleines : 200 g de beurre • 100 g de miel • 10 g de thé matcha • 5 œufs • 150 g de sucre semoule • 250 g de farine • 1 sachet de levure • beurre pour les moules

Dans une casserole, faites fondre doucement le beurre et le miel, puis jetez-y le thé matcha et remuez pour qu'il se dissolve.
Fouettez les œufs et le sucre jusqu'à ce que le mélange blanchisse et devienne mousseux. Incorporez la farine et la levure, en mélangeant jusqu'à ce que l'ensemble soit bien lisse. Versez le beurre au thé encore tiède sur la préparation et mélangez délicatement pour obtenir une pâte lisse et homogène.
Préchauffez le four à 210 °C (th. 7). Beurrez généreusement des moules à madeleine et versez-y la préparation, en remplissant les alvéoles aux trois quarts. Enfournez et laissez cuire pendant 5 minutes, puis baissez la température du four à 180 °C (th. 6) et prolongez la cuisson de 5 minutes. À la sortie du four, laissez les madeleines refroidir avant de les démouler.

Le thé matcha est un thé vert japonais vendu en poudre dans les épiceries fines ou les magasins de thés. Respectez bien les doses, car la saveur du thé matcha ne doit pas être trop prononcée pour rester agréable.

madeleines
orange-pécan

Préparation : 15 min
Repos : 2 h
Cuisson : 10 min

Pour une vingtaine de madeleines : 100 g de beurre demi-sel • 2 œufs • 80 g de sucre en poudre • 1 cuil. à soupe de miel • le zeste râpé d'une orange non traitée • 100 g de farine • ½ sachet de levure • 2 ou 3 cuil. à soupe de jus d'orange • 30 g de noix de pécan concassées • beurre pour les moules

Faites chauffer le beurre doucement et laissez-le se colorer jusqu'à ce qu'il dégage une odeur de noisette, puis mettez hors du feu et réservez.
Dans un saladier, fouettez les œufs avec le sucre et le miel jusqu'à ce que le mélange devienne mousseux. Ajoutez le zeste et le jus d'orange, la farine et la levure ; mélangez énergiquement afin d'obtenir une pâte lisse et homogène. Ajoutez le beurre noisette et les noix de pécan concassées, et mélangez bien. Laissez reposer la pâte 2 heures au frais.
Préchauffez le four à 200 °C (th. 6-7). Beurrez des moules à madeleine et versez-y la pâte sans remplir complètement les alvéoles. Enfournez et faites cuire pendant 10 minutes, puis laissez refroidir les madeleines avant de les démouler.

Si vous le pouvez, préparez la pâte la veille et réservez-la au frais ; les madeleines seront ainsi plus légères et aérées.

shortbreads au thé au jasmin

Préparation : 25 min
Cuisson : 15 min

Pour une vingtaine de shortbreads
5 cuil. à soupe de lait
2 cuil. à soupe de thé au jasmin
150 g de farine
50 g de cassonade
100 g de beurre demi-sel mou
cassonade pour saupoudrer

Portez le lait à ébullition, puis mettez hors du feu, ajoutez le thé au jasmin et laissez infuser 15 minutes.

Mélangez la farine et le sucre. Détaillez le beurre en petits morceaux et incorporez-le en travaillant la pâte du bout des doigts. Filtrez le lait à l'aide d'une passoire à thé, ajoutez-le à la préparation précédente et travaillez la pâte jusqu'à ce qu'elle soit homogène et forme une boule. Enveloppez-la dans du film alimentaire et réservez-la 1 heure au frais.

Préchauffez le four à 165 °C (th 5-6). Sur le plan de travail fariné, étalez la pâte sur une épaisseur de 1 cm et détaillez-la en rectangles de 3 × 5 cm. Piquez-les à la fourchette de façon régulière, disposez-les sur la plaque du four recouverte de papier sulfurisé et saupoudrez-les de cassonade.

Enfournez et faites cuire pendant 15 minutes environ, jusqu'à ce que les shortbreads commencent à dorer, puis laissez-les refroidir sur une grille.

Si vous trouvez le goût du jasmin trop peu prononcé, ajoutez à la préparation 1 cuillerée à café de thé au jasmin mixé très finement.

thé au jasmin

original
shortbreads

Préparation : 20 min
Cuisson : 30 min

Pour une vingtaine de shortbreads : 100 g de beurre demi-sel mou • 50 g de cassonade • 150 g de farine • cassonade pour saupoudrer

Fouettez le beurre et le sucre dans un saladier jusqu'à ce que le mélange blanchisse et devienne crémeux. Ajoutez la farine, et travaillez l'ensemble afin de former une boule de pâte souple et homogène.

Préchauffez le four à 150 °C (th. 5). Sur le plan de travail fariné, étalez la pâte sur une épaisseur de 1 cm et détaillez-la en rectangles de 3 × 5 cm. Piquez-les à la fourchette de façon régulière, disposez-les sur la plaque du four recouverte de papier sulfurisé et saupoudrez-les de cassonade.

Enfournez et faites cuire 30 minutes, jusqu'à ce que les shortbreads soient bien dorés.

Les shortbreads peuvent se réaliser sous trois formes (triangulaire, ronde ou rectangulaire) ; dans tous les cas, il faut les piquer à la fourchette. Vous pouvez confectionner des variantes avec de la pâte de pistaches ou bien de la semoule de blé dur en plus de la farine.

navettes
provençales

Préparation : 25 min
Cuisson : 20 min

Pour une quarantaine de navettes : 350 g de sucre en poudre • 3 œufs • 750 g de farine • ½ sachet de levure • 1 pincée de sel • 1 cuil. à soupe d'eau de fleur d'oranger • 70 g de beurre mou

Préchauffez le four à 180 °C (th. 6). Fouettez le sucre et les œufs jusqu'à ce que le mélange blanchisse et devienne mousseux. Incorporez la farine, la levure, le sel et l'eau de fleur d'oranger, en mélangeant activement. Ajoutez le beurre coupé en morceaux et travaillez la pâte du bout des doigts jusqu'à ce qu'elle soit liée et homogène.

Prélevez un peu de pâte et travaillez-la de façon à former un bateau de 6 cm de long, pointu aux deux extrémités. Répétez l'opération jusqu'à épuisement de la pâte. Creusez un sillon au milieu de chacune des navettes à l'aide d'un couteau fin et disposez celles-ci sur la plaque du four recouverte de papier sulfurisé. Enfournez et laissez cuire pendant 20 minutes.

Autrefois, on achetait les navettes provençales par douze, une pour chaque mois de l'année. Ces biscuits sont associés aux fêtes de la chandeleur, mais ils se dégustent toute l'année aujourd'hui. Sans levain, les navettes se conservent très bien et assez longtemps dans une boîte en fer hermétique.

farine

nonnettes
à l'orange

Préparation : 20 min
Repos : 1 h
Cuisson : 20 min

Pour 12 nonnettes : 20 cl de lait • 150 g de miel • 40 g de beurre • 275 g de farine • 1 sachet de levure • 1 cuil. à café de bicarbonate • 1 cuil. à café de quatre-épices • ½ cuil. à café de cannelle • beurre pour les moules • marmelade d'oranges • sucre glace (facultatif)

Faites chauffer le lait, le miel et le beurre en remuant sans cesse. Lorsque l'ensemble commence à frémir, retirez-le du feu et mélangez bien. Mélangez la farine, la levure, le bicarbonate et les épices dans un saladier, puis versez par-dessus le liquide chaud tout en fouettant afin d'obtenir une pâte homogène. Laissez-la reposer 1 heure au frais.
Préchauffez le four à 220 °C (th. 7-8). Beurrez des moules à muffin lisses. Garnissez-les avec la pâte et déposez sur chaque nonnette 1 cuillerée à café de marmelade d'oranges. Enfournez et laissez cuire pendant 20 minutes.
Vous pouvez aussi glacer les nonnettes : faites fondre du sucre glace dans un peu d'eau ; badigeonnez-en le dessus de chaque nonnette avec ce glaçage. Laissez le sécher.

Posez bien la marmelade sur la pâte à nonnettes ; pendant la cuisson, elle viendra se loger au centre des biscuits pour former un cœur fruité. Les nonnettes sont encore meilleures le lendemain…

oreillettes

Préparation : 15 min
Repos : 1 h
Cuisson : 3 ou 4 min par oreillette

Pour une trentaine d'oreillettes : 500 g de farine • 1 cuil. à café de sel • 2 cuil. à soupe de sucre en poudre • 1 citron non traité • 3 œufs • 8 cl de vin blanc • 30 g de beurre mou • sucre glace pour saupoudrer • huile pour la friture

Dans un saladier, mélangez la farine, le sel, le sucre en poudre et le zeste râpé du citron. Incorporez les œufs battus, le vin blanc ainsi que le beurre ramolli, détaillé en petits morceaux.
Travaillez la pâte afin d'obtenir un mélange homogène, puis laissez-la reposer 1 heure au frais.
Étalez la pâte le plus finement possible sur le plan de travail fariné et détaillez-la en formes irrégulières à votre guise, d'une dizaine de centimètres de largeur.
Faites chauffer l'huile de friture dans une grande casserole. Lorsqu'elle est chaude, plongez-y les oreillettes et faites-les dorer pendant 3 ou 4 minutes, puis retirez-les du bain d'huile et déposez-les sur du papier absorbant. Laissez-les refroidir et saupoudrez-les généreusement de sucre glace.

Veillez à ne plonger les oreillettes que lorsque l'huile est bien chaude. Pour parfumer délicatement les oreillettes, ajoutez un peu d'eau de fleur d'oranger dans la pâte.

scones

Préparation : 20 min
Cuisson : 15 min

Pour une dizaine de scones
250 g de farine
1 sachet de levure
1 cuil. à soupe de sucre en poudre
½ cuil. à café de sel
55 g de beurre mou
15 cl de lait
50 g de raisins secs de Smyrne
1 œuf pour dorer

Dans un saladier, mélangez la farine, la levure, le sucre et le sel. Détaillez le beurre ramolli en dés et ajoutez-le à la préparation, puis travaillez-la du bout des doigts afin d'obtenir un mélange sableux. Ajoutez le lait et les raisins. Travaillez la pâte à l'aide d'une fourchette et rassemblez-la afin de former une boule ; si elle est trop collante, ajoutez un peu de farine.

Préchauffez le four à 200 °C (th. 6-7). Sur le plan de travail fariné, étalez la pâte sur une épaisseur de 3 à 4 cm et détaillez-la en disques 4 cm de diamètre environ à l'aide d'un emporte-pièce. Disposez les scones sur la plaque du four recouverte de papier sulfurisé et badigeonnez-les d'œuf battu. Enfournez et laissez cuire 15 minutes, jusqu'à ce que les biscuits soient bien gonflés et dorés.

Vous pouvez faire gonfler les raisins pendant 1 heure dans du thé avant de les ajouter à la pâte.

raisins de Smyrne

scones butternut-orange

Préparation : 15 min
Repos : 2 h
Cuisson : 40 min

Pour une dizaine de scones
200 g de courge butternut
30 g de beurre mou
2 cuil. à soupe de sucre
1 œuf
250 g de farine
1 sachet de levure
1 pincée de sel
1 orange non traitée
60 g de raisins secs
1 jaune d'œuf

Pelez la courge butternut et coupez-la grossièrement en dés. Faites chauffer un fond d'eau dans une sauteuse, jetez-y les dés de courge, couvrez et laissez-les cuire 15 minutes environ, jusqu'à ce qu'ils soient tendres. Videz l'eau et réduisez en purée la courge butternut à l'aide d'une fourchette.

Battez le beurre ramolli et le sucre dans un saladier jusqu'à ce que le mélange blanchisse et devienne crémeux. Ajoutez l'œuf et la purée de courge butternut, puis incorporez la farine, la levure et le sel. Ajoutez enfin le zeste râpé de l'orange ainsi que les raisins secs. Travaillez la pâte rapidement jusqu'à ce qu'elle soit homogène.

Sur le plan de travail fariné, étalez la pâte sur une épaisseur de 3 à 4 cm et détaillez-la en disques de 4 cm de diamètre environ à l'aide d'un emporte-pièce. Disposez les scones sur la plaque du four recouverte de papier sulfurisé et réservez au frais pour 2 heures.

Préchauffez le four à 200 °C (th. 6-7). À l'aide d'un pinceau, badigeonnez les scones de jaune d'œuf, enfournez-les et laissez-les cuire 25 minutes, jusqu'à ce qu'ils soient dorés.

Cette courge jaune et allongée présente une chair plus claire que celle du potiron. Si vous ne trouvez pas de courge butternut, vous pouvez utiliser de la même façon du potiron, de la citrouille ou du potimarron.

courge butternut

petites gaufres au sucre

Préparation : 15 min
Repos : 1 h15
Cuisson : de 2 à 3 min

**Pour une quinzaine de petites
gaufres**

1 morceau de sucre
10 cl de lait
20 g de levure de boulanger
125 g de beurre
2 œufs
250 g de farine
1 pincée de sel
125 g de sucre perlé
1 sachet de sucre vanillé

Faites fondre le morceau de sucre dans le lait porté sur feu doux. Retirez du feu dès que le sucre et fondu et versez le tout dans un bol. Délayez-y la levure et réservez. Faites fondre le beurre à feu doux et réservez. Cassez les œufs en séparant les blancs des jaunes.

Mettez la farine et le sel dans un saladier, ajoutez le beurre fondu et mélangez bien. Incorporez alors le lait tiédi, puis ajoutez les jaunes d'œuf. Pétrissez la pâte jusqu'à ce qu'elle devienne élastique et se décolle des doigts. Couvrez le saladier d'un torchon propre et laissez la pâte gonfler 45 minutes dans un endroit chaud.

Montez les blancs en neige à l'aide d'un batteur électrique et incorporez-les délicatement à la pâte. Ajoutez le sucre vanillé et le sucre perlé, mélangez avec précaution et laissez gonfler pendant encore 30 minutes.

Faites chauffer le gaufrier. Disposez sur les plaques des petits pâtons pris à l'aide d'une cuillère à soupe et faites-les cuire de 2 à 3 minutes. Lorsque les gaufres sont bien dorées, laissez-les refroidir sur une grille.

Vous trouverez du sucre perlé dans les magasins spécialisés ou chez votre boulanger. Si vous n'en trouvez pas, utilisez du sucre cristallisé. N'ajoutez pas de sucre sur les gaufres (elles sont déjà bien sucrées), mais n'hésitez pas à les napper de chocolat fondu au bain-marie…

sucre perlé

tuiles aux amandes

Préparation : 10 min
Repos : 1 h
Cuisson : de 7 à 10 min par fournée

Pour une vingtaine de tuiles
40 g de beurre
30 g de farine
185 g de sucre semoule
200 g d'amandes effilées
3 blancs d'œuf

Faites fondre doucement le beurre dans une casserole, puis mettez hors du feu et laissez tiédir. Dans un saladier, mélangez la farine, le sucre, les amandes, les blancs d'œuf et le beurre tiède, mélangez afin d'obtenir une préparation homogène et réservez 1 heure au frais.

Préchauffez le four à 180 °C (th. 6). Sur la plaque recouverte de papier sulfurisé, disposez des petits tas de pâte bien espacés les uns des autres, puis aplatissez-les avec le dos d'une cuillère pour faire des disques de 6 à 7 cm de diamètre.

Enfournez et laissez cuire pendant 7 à 10 minutes, en surveillant bien la cuisson. À la sortie du four, détachez les tuiles du papier avec une spatule et déposez-les sur une bouteille ou un rouleau à pâtisserie afin de leur donner une forme incurvée.

Veillez à bien aplatir les tuiles car, si le milieu est plus épais, il ne cuira pas bien tandis que le bord noircira ; l'épaisseur de la tuile doit donc être uniforme. La cuisson dépend également de vos goûts : si vous voulez des tuiles moelleux, ne les laissez pas dorer ; elles seront en revanche très croustillantes si vous laissez le bord se colorer.

amande effilée

tuiles
à la lavande

Préparation : 10 min
Cuisson : 10 min par fournée

Pour une trentaine de tuiles : 75 g de beurre •
3 blancs d'œuf • 50 g de sucre en poudre • 75 g
de farine • 1 cuil. à soupe de miel • 1 cuil. à soupe
de fleurs de lavande

Faites fondre doucement le beurre dans une
casserole, puis mettez hors du feu et laissez
tiédir.
Dans un saladier, fouettez les blancs d'œuf et
le sucre jusqu'à ce que le mélange devienne
mousseux. Ajoutez le beurre tiède, la farine, le
miel et les fleurs de lavande. Mélangez énergiquement jusqu'à ce que la pâte soit homogène.
Préchauffez le four à 180 °C (th. 6). Sur la plaque
recouverte de papier sulfurisé, disposez des
petits tas de pâte bien espacés les uns des
autres, puis aplatissez-les avec le dos d'une
cuillère pour faire des disques de 6 à 7 cm de
diamètre.
Enfournez et laissez cuire pendant 10 minutes, en surveillant bien la cuisson. À la sortie
du four, détachez les tuiles du papier avec une
spatule et déposez-les sur une bouteille ou un
rouleau à pâtisserie afin de leur donner une
forme incurvée.

Vous pouvez donner toutes sortes de formes
à vos tuiles, les laisser plates, les rouler
comme des cigarettes autour d'un crayon ou
bien disposer la pâte en rubans sur la plaque
et tourner ces derniers comme des serpentins
à la sortie du four.

tuiles
croustillantes
au riz soufflé

Préparation : 10 min
Repos : 30 min
Cuisson : 3 ou 4 min par fournée

Pour une quarantaine de tuiles : 75 g de beurre •
100 g de sucre glace • 5 blancs d'œuf • 75 g de
farine • 30 g de riz soufflé

Faites fondre doucement le beurre dans une
casserole, puis mettez hors du feu et laissez
tiédir. Dans un saladier, fouettez le sucre glace
et les blancs d'œuf jusqu'à ce que le mélange
devienne mousseux. Incorporez le beurre
tiède et la farine, en mélangeant énergiquement afin d'obtenir une pâte homogène.
Réservez 30 minutes au frais.
Préchauffez le four à 200 °C (th. 6-7). Sur la
plaque recouverte de papier sulfurisé, disposez des petits tas de pâte bien espacés les uns
des autres. Aplatissez-les avec le dos d'une
cuillère pour faire des disques de 6 à 7 cm de
diamètre et parsemez-les de riz soufflé.
Enfournez et laissez cuire 3 ou 4 minutes par
fournée. À la sortie du four, décollez les tuiles
délicatement avec une spatule.

Vous trouverez du riz soufflé dans les épiceries bio… ou bien dans les paquets de céréales pour enfants. Vous pouvez également
utiliser des grains de riz soufflés au chocolat.

petites tourtes aux abricots

Préparation : 20 min
Repos : 8 h
Cuisson : de 20 à 25 min

Pour 4 petites tourtes
200 g d'abricots
50 g de sucre roux
1 cuil. à café d'extrait d'amande
1 noix de beurre
20 g de pignons
2 rouleaux de pâte feuilletée
une dizaine de biscuits à la cuiller
2 sachets de sucre vanillé
1 jaune d'œuf

La veille, faites mariner les abricots coupés en quatre et dénoyautés dans le sucre roux.

Le lendemain, retirez les abricots de leur marinade et faites-les poêler avec l'extrait d'amande et une noix de beurre. Faites dorer les pignons dans une autre poêle sans matière grasse.

Préchauffez le four à 180 °C (th. 6). Beurrez les moules à tartelette et garnissez-les avec la pâte feuilletée. Effritez les biscuits à la cuiller et répartissez-les dans les fonds de tarte, puis disposez par-dessus les abricots poêlés et les pignons grillés. Saupoudrez de sucre vanillé et recouvrez avec un second disque de pâte.

Soudez les tourtes en formant un boudin de pâte sur tout le bord et faites un petit trou au milieu du couvercle de pâte afin que l'humidité puisse s'échapper. À l'aide d'un pinceau, badigeonnez de jaune d'œuf le dessus des tourtes, puis enfournez-les et laissez-les cuire de 15 à 20 minutes.

Dégustez les tourtes refroidies, elles seront encore meilleures. Faites bien dégorger les abricots, ils rendront moins d'eau à la cuisson et seront bien moins acides ainsi. Vous pouvez réaliser des mini-tourtes en utilisant des minimoules à tartelettes ; veillez dans ce cas à couper les abricots en plus petits morceaux.

pignons

rousquilles

Préparation : 35 min
Repos : 2 h
Cuisson : 15 min
Séchage : 1 h

Pour une douzaine de rousquilles
300 g de farine
1 cuil. à café de levure
85 g de sucre glace
½ cuil à café de sel
1 sachet de sucre vanillé
85 g de beurre mou
3 jaunes d'œuf
3 cl de lait
25 g de miel
2 cuil. à soupe d'anisette
(ou de pastis)

Pour le glaçage :
170 g de sucre glace
7 cl d'eau
1 blanc d'œuf

Mélangez la farine, la levure, le sucre glace, le sel et le sucre vanillé. Ajoutez le beurre ramolli, coupé en petits morceaux, et travaillez la pâte du bout des doigts jusqu'à obtenir un mélange sableux. Incorporez les jaunes d'œuf, le lait, le miel et l'anisette, pétrissez rapidement la pâte pour l'homogénéiser et façonnez une boule. Enveloppez-la de film alimentaire et laissez-la reposer 2 heures au frais.
Préchauffez le four à 160 °C (th. 5-6). Sur le plan de travail fariné, étalez la pâte sur 1 cm d'épaisseur et découpez des disques de 7 cm de diamètre, puis retirez le centre de chacun d'eux avec un emporte-pièce de 3 cm de diamètre. Disposez les biscuits sur la plaque du four recouverte de papier sulfurisé, enfournez et laissez cuire 15 minutes.
Préparez le glaçage. Portez le sucre glace et l'eau à ébullition, faites cuire ce sirop au petit boulé, puis ôtez la casserole du feu. Montez le blanc d'œuf en neige pas trop ferme, incorporez-le au sirop en fouettant et continuez de fouetter quelques minutes.
Recouvrez les rousquilles de glaçage à l'aide d'un pinceau, puis remettez-les sur la plaque à pâtisserie. Baissez la température du four à 50 °C (th. 1-2), enfournez les rousquilles et laissez-les sécher 1 heure.

Pour atteindre le petit boulé, faites cuire le sirop jusqu'à ce que les bulles deviennent petites. Voici un truc pour vérifier qu'il est à la bonne température : une boule molle doit se former quand vous jetez une goutte de sirop dans un verre d'eau froide.

anisette

biscuits
à l'anis

Préparation : 15 min
Repos : 12 h
Cuisson : 12 min

Pour une trentaine de biscuits : 3 œufs moyens • 250 g de sucre en poudre • 1 cuil. à soupe bombée de graines d'anis • 300 g de farine

Dans un saladier, battez les œufs et le sucre pendant 15 minutes, de préférence au batteur électrique, jusqu'à ce que la préparation blanchisse et forme des rubans. Ajoutez l'anis et mélangez. Incorporez délicatement la farine et mélangez pour obtenir une pâte assez ferme.
Garnissez de pâte une poche à douille lisse et dressez des petits disques sur une plaque recouverte de papier sulfurisé. Laissez reposer une nuit dans un endroit sec.
Le lendemain, préchauffez votre four à 140 °C (th. 4-5). Enfournez les biscuits et laissez-les cuire 12 minutes ; le dessus des biscuits doit rester blanc.

Il se formera un joli socle sous les *anisbredles*, qu'on voit bien monter lors de la cuisson. Ne laissez pas colorer le dessus, le chapeau doit rester blanc. Les biscuits seront mous à la sortie du four, mais ils vont durcir en refroidissant.

biscuits
à la cannelle

Préparation : 15 min
Repos : 1 h
Cuisson : 10 min

Pour une trentaine de biscuits : 300 g de farine • 3 cuil. à café de cannelle en poudre • ½ sachet de levure • 150 g de sucre en poudre • 75 g de beurre mou • 3 cuil. à soupe de lait • 1 œuf

Préchauffez le four à 180 °C (th. 6). Dans un saladier, mélangez la farine, la cannelle et la levure. Ajoutez le sucre et mélangez de nouveau. Détaillez le beurre ramolli en petits morceaux et incorporez-le au mélange précédent en mélangeant du bout des doigts. Ajoutez le lait et l'œuf, puis pétrissez la pâte jusqu'à ce qu'elle soit homogène. Formez une boule et réservez-la 1 heure au frais.
Farinez un plan de travail, étalez la pâte sur 5 mm d'épaisseur et découpez-la à l'aide d'un emporte-pièce rond. Disposez au fur et à mesure les biscuits sur la plaque du four recouverte de papier sulfurisé. Enfournez et laissez cuire pendant 10 minutes.

Pendant la cuisson, les biscuits doivent dorer et adopter une teinte brune. Ne les faites pas cuire plus de 10 minutes afin qu'ils ne soient pas trop durs.

cannelle

biscuits
au gingembre

Préparation : 15 min
Cuisson : de 12 à 15 min

Pour une trentaine de biscuits : 180 g de farine •
1 cuil. à café de levure • ½ cuil. à café de bicarbonate
de sodium • 2 cuil. à soupe de gingembre en poudre
• 70 g de cassonade • 1 pincée de sel • 60 g de beurre
mou • 3 cuil. à soupe de sirop d'érable • 1 gros œuf

Dans un saladier, mélangez la farine, la levure,
le bicarbonate de sodium, le gingembre, la
cassonade et le sel. Dans une casserole,
faites fondre à feu doux le beurre dans le sirop
d'érable. Laissez refroidir, puis ajoutez ce
mélange à la préparation précédente, en
remuant énergiquement. Incorporez l'œuf
et mélangez de nouveau afin d'obtenir une
pâte homogène.
Préchauffez le four à 180 °C (th. 6). Formez
des boules de pâte de la grosseur d'une noix
et disposez-les sur la plaque du four recouverte de papier sulfurisé, en veillant à les espacer les unes des autres car elles s'étalent à la
cuisson.
Enfournez et laissez cuire de 12 à 15 minutes,
jusqu'à ce que les biscuits soient dorés. À la
sortie du four, ils doivent être fermes au tou-
cher. Laissez-les refroidir sur une grille avant
de les déguster.

Vous pouvez remplacer le sirop d'érable par
du miel fleuri ou corsé selon vos goûts, mais
aussi ajouter à la préparation quelques zestes
de citron vert finement râpé.

petits croquants
au safran

Préparation : 15 min
Cuisson : 10 min

Pour une vingtaine de biscuits : 1 gousse de vanille
• 2 œufs • 100 g de sucre en poudre • 100 g de
farine • 30 g de poudre d'amandes • 1 dose de pistils
de safran • 100 g de beurre mou

Fendez la gousse de vanille et grattez l'intérieur pour récupérer les graines. Mélangez les
œufs et le sucre jusqu'à ce que le mélange
blanchisse. Dans un autre saladier, mélangez
la farine, la poudre d'amandes, les pistils de
safran ainsi que les graines de vanille, puis
ajoutez le beurre ramolli coupé en morceaux.
Travaillez la pâte du bout des doigts jusqu'à
ce que vous obteniez un mélange sableux.
Ajoutez le mélange d'œufs et de sucre, et travaillez la pâte afin qu'elle soit homogène.
Préchauffez le four à 180 °C (th. 6). Sur la
plaque recouverte de papier sulfurisé, formez
des biscuits d'un diamètre de 4 cm environ
avec le dos d'une cuillère. Enfournez les biscuits et laissez-les cuire pendant 10 minutes,
puis décollez-les à l'aide d'une spatule et laissez-les refroidir sur une grille.

Veillez à bien espacer les biscuits les uns des
autres sur la plaque de cuisson, car la pâte
s'étale beaucoup à la cuisson.

safran

biscuits de l'avent

Préparation : 15 min
Repos : 1 h
Cuisson : 8 min

Pour une quarantaine de biscuits

125 g de farine

½ cuil. à café de levure

60 g de sucre en poudre

25 g de poudre d'amandes

50 g de beurre mou

1 œuf

le zeste râpé d'un citron

1 cuil. à soupe bombée de gingembre râpé

1 cuil. à soupe bombée de cannelle en poudre

Dans un saladier, mélangez la farine, la levure, le sucre et la poudre d'amandes. Coupez le beurre en morceaux et incorporez-le au mélange sec, en travaillant la pâte du bout des doigts. Ajoutez l'œuf et pétrissez la pâte pour former une boule, que vous diviserez en trois parts égales. Ajoutez le zeste de citron dans la première, le gingembre dans la deuxième et la cannelle dans la troisième. Enveloppez chaque boule de film alimentaire et réservez 1 heure au frais.

Préchauffez le four à 200 °C (th. 6-7). Sur le plan de travail fariné, étalez les trois pâtes au rouleau à pâtisserie et détaillez chacune d'elles avec un emporte-pièce : en forme de lune pour la pâte au citron, d'étoile pour celle à la cannelle et de cœur pour celle au gingembre par exemple).

Disposez les biscuits sur la plaque du four recouverte de papier sulfurisé, enfournez et laissez cuire 8 minutes.

Vous pouvez varier ces biscuits traditionnels de Noël en utilisant le zeste de différents agrumes, orange ou mandarine par exemple, mais aussi diverses épices : noix de muscade, clou de girofle ou quatre-épices.

gingembre

biscuits roulés à la cannelle

Préparation : 20 min
Repos : 1 h 45
Cuisson : 20 min

Pour 24 petits biscuits
25 cl de lait
110 g de beurre mou
2 sachets de levure de boulanger
70 g de sucre en poudre
1 pincée de sel
2 cuil. à café de cannelle en poudre
500 g de farine
1 gros œuf
1 jaune d'œuf

Pour la garniture :
2 cuil. à café de cannelle en poudre
100 g de cassonade
50 g de beurre mou

Faites tiédir le lait avec le beurre dans une casserole. Mettez hors du feu, ajoutez la levure et dissolvez-la, puis ajoutez le sucre, le sel et la cannelle, et mélangez. Battez l'œuf et ajoutez-le au mélange en fouettant vivement. Ajoutez alors la farine et continuez de mélanger jusqu'à ce que la pâte soit homogène : elle doit être bien molle mais ne doit pas coller. Couvrez-la avec un torchon propre et laissez-la reposer 1 heure dans un endroit chaud et sec.

Divisez la pâte en trois morceaux. Mélangez la cannelle avec la cassonade pour la garniture. Farinez le plan de travail et étalez les pâtons en rectangles de 20 × 30 cm à l'aide d'un rouleau à pâtisserie, puis badigeonnez-les de beurre et saupoudrez-les du mélange de cannelle et de cassonade.

Roulez chaque morceau en un long boudin et détaillez-le en tronçons triangulaires de 4 cm de base environ, en coupant en diagonale alternativement vers la droite puis vers la gauche. Disposez les triangles sur leur base, aplatissez légèrement leur sommet, badigeonnez-les de jaune d'œuf à l'aide d'un pinceau et laissez-les reposer 45 minutes.

Préchauffez le four à 180 °C (th. 6). Enfournez les biscuits roulés et laissez-les cuire pendant 20 minutes.

Si la pâte est trop molle, vous pouvez ajouter un peu de farine. Ces biscuits sont beaucoup plus savoureux lorsqu'ils sont encore tièdes ; n'hésitez pas à les faire réchauffer si vous les préparez à l'avance, mais ne les laissez pas trop cuire car ils perdraient leur moelleux.

levure de boulanger

bonshommes en pain d'épice

Préparation : 15 min
Repos : 30 min
Cuisson : 7 min

Pour 30 bonshommes
350 g de farine
1 sachet de levure
170 g de sucre roux
2 cuil. à café de mélange pour pain d'épice (voir p. 181)
100 g de beurre mou
1 œuf
100 g de miel liquide doux

Pour le glaçage :
½ blanc d'œuf
100 g de sucre glace

Dans un saladier, mélangez la farine, la levure, le sucre et le mélange d'épices. Coupez le beurre en morceaux et incorporez-le en pétrissant du bout des doigts pour obtenir un mélange sableux. Ajoutez l'œuf battu ainsi que le miel, et mélangez à nouveau pour former une boule de pâte homogène. Enveloppez-la dans du film alimentaire et réservez-la 30 minutes au frais.

Préchauffez le four à 160 °C (th. 5-6). Sur le plan de travail fariné, étalez la pâte sur une épaisseur de 5 mm et découpez-y les bonshommes à l'aide d'un emporte-pièce. Disposez-les sur la plaque du four recouverte de papier sulfurisé, enfournez et laissez cuire pendant 7 minutes, jusqu'à ce que les biscuits commencent à dorer.

Préparez le glaçage. Dans un saladier, montez le blanc d'œuf en neige à l'aide d'un batteur électrique ; lorsqu'il commence à prendre, ajoutez progressivement le sucre pour obtenir un mélange assez épais et crémeux.

Réalisez un petit cornet en papier avec un bout très étroit et garnissez-le avec le glaçage. Décorez alors les bonshommes refroidis en leur dessinant les yeux et la bouche, et en les habillant.

Prenez le temps de laisser refroidir les biscuits à la sortie du four afin de ne pas les casser, car ils sont très fragiles quand ils sont chauds.

miel liquide

beignets au miel (pets de nonne)

Préparation : 15 min
Cuisson : 5 min par tournée

Pour une trentaine de beignets
huile de friture
25 cl d'eau
70 g de beurre
2 cuil. à soupe d'eau de fleur d'oranger
1 pincée de sel
50 g de sucre en poudre
1 paquet de sucre vanillé
125 g de farine
½ sachet de levure
3 œufs
2 cuil. à soupe de miel
sucre glace pour saupoudrer

Faites chauffer doucement l'huile de friture. Dans une casserole, faites bouillir l'eau avec le beurre, coupé en morceaux, 1 cuillerée à soupe d'eau de fleur d'oranger, le sel, le sucre en poudre et le sucre vanillé. Lorsque le mélange bout et que le beurre est fondu, ajoutez la farine et la levure en une seule fois, en remuant énergiquement avec une spatule en bois. Travaillez la pâte sur le feu pendant 2 minutes pour la faire dessécher.

Mettez hors du feu, puis incorporez les œufs un par un. La pâte doit être lisse et brillante, mais pas liquide ; elle doit se détacher de la paroi de la casserole.

Lorsque l'huile est chaude, jetez-y des petites boules de pâte, prélevées à l'aide d'une cuillère à café, et laissez-les cuire 5 minutes environ ; elles doivent être dorées, gonflées, et remonter à la surface. Sortez-les et réservez-les sur du papier absorbant pour retirer l'excédent d'huile.

Faites chauffer dans une petite casserole le miel et le reste d'eau de fleur d'oranger. Trempez-y les beignets, puis saupoudrez-les de sucre glace.

Dans cette recette, vous constaterez que les beignets se retournent tout seuls en cuisant ; ils remontent alors à la surface, s'ouvrent et gonflent. Laissez-les bien dorer avant de les retirer du bain d'huile.

fleur d'oranger

étoiles aux épices

Préparation : 20 min
Repos : 1 h
Cuisson : 10 min

Pour une trentaine de biscuits

½ cuil. à café d'anis vert

2 clous de girofle

1 étoile de badiane (anis étoilé)

1 cuil. à café de cannelle (ou plus selon le goût)

½ cuil. à café de gingembre en poudre

150 g de beurre mou

le zeste râpé d'un citron non traité

250 g de farine

120 g de sucre en poudre

1 pincée de sel

1 œuf

Pour le glaçage :

1 blanc d'œuf

3 cuil. à soupe bombées de sucre glace

quelques gouttes de jus de citron

1 cuil. à soupe de kirsch (ou un autre alcool fort)

Mixez finement l'anis vert, les clous de girofle et la badiane, puis mélangez-les avec la cannelle et le gingembre. Coupez le beurre mou en morceaux. Dans un saladier, mélangez les épices, le zeste de citron, la farine, le sucre et le sel. Ajoutez le beurre et l'œuf battu, et malaxez la pâte du bout des doigts jusqu'à ce qu'elle forme une boule. Recouvrez-la de film alimentaire et réservez-la pendant 1 heure au frais.

Préchauffez le four à 150 °C (th. 5). Sur le plan de travail fariné, étalez la pâte sur 5 mm d'épaisseur. Découpez des étoiles à l'aide d'un emporte-pièce et disposez-les au fur et à mesure sur la plaque du four recouverte de papier sulfurisé. Enfournez et faites cuire 10 minutes. Au terme de la cuisson, sortez les gâteaux du four et laissez-les refroidir.

Préparez le glaçage : dans un bol, faites mousser le blanc d'œuf à la fourchette, ajoutez le sucre glace, le jus de citron et le kirsch, et mélangez. Ce glaçage doit être assez épais ; s'il est trop liquide, ajoutez du sucre glace.

Lorsque les biscuits sont refroidis, badigeonnez-les de glaçage avec le dos d'une cuillère et laissez-les sécher dans un endroit frais et sec.

Lorsque les biscuits sont bien secs, vous pouvez les conserver dans une boîte hermétique. Si vous ne voulez pas que votre glaçage soit alcoolisé, remplacer l'alcool par la même quantité d'eau.

badiane

croustilles
au miel

Préparation : 5 min
Cuisson : 5 min

Pour une trentaine de croustilles : 125 g de miel • 125 g de beurre mou • 125 g de farine • 125 g de sucre glace

Préchauffez le four à 180 °C (th. 6). Dans une casserole, faites tiédir le miel, puis mettez hors du feu. Coupez le beurre en morceaux et mélangez-le avec le miel tiédi. Incorporez la farine et le sucre glace, et travaillez l'ensemble afin d'obtenir une pâte lisse.
Disposez des petits tas de pâte sur la plaque du four recouverte de papier sulfurisé, en veillant à bien les espacer. Enfournez et faites cuire pendant 5 minutes. À la sortie du four, laissez les croustilles refroidir avant de les détacher avec une spatule.

Préférez pour cette recette du miel d'arbousier. Placez au milieu de chaque petit tas de pâte une noisette, ou le fruit sec de votre choix.

fouasses
au miel

Préparation : 20 min
Repos : 2 h
Cuisson : de 25 à 30 min

Pour 12 petites fouasses vendéennes : 10 g de levure fraîche • 5 cl de lait tiède • 275 g de farine • ¾ de cuil. à café de sel • 2 cuil. à café bombées de sucre • 3 petits œufs • 75 g de miel • 1 cuil. à café de safran • 1 cuil. à café de cannelle • 35 g de beurre froid • 1 jaune d'œuf • 100 g de sucre perlé en grains

Délayez la levure avec le lait tiède. Mélangez la farine, le sel, le sucre et les œufs battus, puis ajoutez le mélange de levure et de lait. **I**ncorporez le miel et les épices, en pétrissant la pâte pour qu'elle soit homogène. Couvrez-la d'un torchon et laissez-la gonfler 1 heure dans un endroit chaud.
Coupez le beurre en dés et incorporez-le en pétrissant la pâte. Divisez celle-ci en douze et formez des boules après avoir fariné vos mains. Disposez-les sur la plaque du four recouverte de papier sulfurisé et badigeonnez-les au pinceau de jaune d'œuf. Laissez lever les boules 1 heure encore dans un endroit chaud. **P**réchauffez le four à 160 °C (th. 5-6). Parsemez les fouasses de sucre perlé, enfournez et laissez cuire de 25 à 30 minutes, en surveillant régulièrement.

Veillez à bien laisser gonfler cette pâte entre les différentes phases de pétrissage

friandises
à la rose

Préparation : 15 min
Cuisson : 15 min

Pour une trentaine de petits biscuits : 250 g de sucre en poudre • 2 blancs d'œuf • 4 cuil. à soupe d'eau de rose • 2 gouttes de colorant rouge • 250 g de poudre d'amandes • 250 g de farine

Préchauffez le four à 180 °C (th. 6). Dans un saladier, fouettez le sucre et les blancs d'œuf jusqu'à ce que le mélange soit bien mousseux. Incorporez l'eau de rose, le colorant rouge, la poudre d'amandes et la farine, puis pétrissez doucement afin d'homogénéiser la pâte.

Garnissez une poche à douille cannelée de pâte et dressez des petits tas sur la plaque du four recouverte de papier sulfurisé. Enfournez et faites cuire pendant 15 minutes, puis laissez refroidir les biscuits avant de les décoller.

Ces biscuits se conservent très bien dans une boîte hermétique. Vous pouvez aussi remplacer la poudre d'amandes par de la poudre de noisettes, et ajouter quelques amandes hachées.

petites fougasses
à la fleur d'oranger

Préparation : 15 min
Repos : 1 h 15
Cuisson : de 15 à 20 min

Pour 6 petites fougasses : 1 cuil. à café de levure de boulanger • 260 g d'eau tiède • 55 g d'huile d'olive • 2 cuil. à soupe d'eau de fleur d'oranger • 60 g de sucre en poudre • 550 g de farine • ½ cuil. à café de sel
Pour la dorure : 1 jaune d'œuf • 1 cuil. à soupe d'eau de fleur d'oranger

Dans un saladier, dissolvez la levure dans l'eau ; laissez reposer le mélange pendant 15 minutes.

Ajoutez l'huile d'olive, l'eau de fleur d'oranger et le sucre dans le saladier, puis incorporez petit à petit la farine et le sel, en pétrissant la pâte jusqu'à ce qu'elle forme une boule. Recouvrez d'un torchon propre et laissez reposer 1 heure au chaud ; la pâte doit doubler de volume.

Préchauffez le four à 180 °C (th. 6). Divisez la pâte en six boules et pétrissez chacune d'elles. Donnez-lui une forme ovale, faites trois entailles sur le dessus et étirez-les pour former des trous.

Mélangez le jaune d'œuf avec l'eau de fleur d'oranger, et badigeonnez-en les fougasses. Enfournez et laissez cuire de 15 à 20 minutes.

Vous pouvez ajouter à la pâte 2 cuillerées à soupe de fruits confits ou des graines d'anis, ou saupoudrer les fougasses de sucre en grains pour brioche avant de les enfourner.

rose

petits carrés de semoule
confite au miel

Préparation : 10 min
Cuisson : 10 min

Pour une trentaine de petits carrés
200 g de graines de sésame
250 g de semoule fine
25 cl d'huile d'olive
400 g de miel liquide
25 cl de lait

Mixez finement les graines de sésame et mélangez-les aux graines de semoule. Faites chauffer ensemble l'huile d'olive et le miel dans une casserole à fond épais. Lorsque le mélange bout, versez petit à petit la semoule, en remuant sans cesse. Baissez le feu et laissez cuire doucement en mélangeant régulièrement jusqu'à ce que le mélange soit doré et que l'huile ait été absorbée. Ajoutez enfin le lait petit à petit, et continuez à mélanger jusqu'à ce que le mélange s'épaississe.

Étalez la pâte obtenue sur la plaque du four recouverte de papier sulfurisé et égalisez-la à l'aide d'une spatule afin d'obtenir une épaisseur de 2 à 3 cm environ. Lorsque le mélange a bien refroidi, détaillez-le en cubes de 2 à 3 cm de côté.

Pour cette recette, préférez un miel doux, comme le miel d'acacia, et ajoutez à la préparation un peu d'eau de fleur d'oranger. Vous pouvez aussi faire infuser un demi-bouquet de menthe fraîche dans le lait, que vous aurez au préalable fait chauffer ; dans ce cas, retirez la menthe du lait avant d'ajouter ce dernier à la préparation.

sésame

petits gâteaux choco-piment

Préparation : 25 min
Cuisson : 30 min

Pour 10 petits gâteaux
50 g de beurre
120 g de farine
1 cuil. à café de piment d'Espelette
15 g de cacao
4 œufs
120 g de sucre en poudre
beurre pour les moules

Faites fondre doucement le beurre et réservez. Mélangez dans un saladier la farine, le piment et le cacao. Préparez un bain-marie pas trop chaud, mettez-y les œufs ainsi que le sucre, et fouettez pendant 10 minutes. Le mélange doit blanchir et tripler de volume. Retirez-le alors du bain-marie et continuez à fouetter pour l'aider à refroidir.
Préchauffez le four à 180 °C (th. 6). Versez cette préparation sur la farine chocolatée et fouettez le tout jusqu'à ce que la pâte soit homogène. Beurrez des petits moules individuels. Versez-y la préparation, enfournez et laissez cuire pendant 20 minutes environ.

Selon vos goûts, vous pouvez ajouter ou retirer du piment d'Espelette. N'hésitez pas à utiliser des tout petits moules afin que ces gâteaux, forts en chocolat et épicés, soient plus des bouchées que de gros muffins !

piment d'Espelette

petits gâteaux au poivre

Préparation : 15 min
Cuisson : de 10 à 15 min

**Pour une quarantaine
de petits gâteaux**
les graines de 5 gousses
de cardamome blanche
6 clous de girofle
70 g d'écorces d'orange confites
500 g de farine
1 sachet de levure
80 g de poudre d'amandes
1 cuil. à café de gingembre moulu
1 cuil. à soupe de cannelle en poudre
350 g de sucre en poudre
1 cuil. à café de poivre blanc
2 cuil. à café d'essence de citron
15 cl de lait froid
2 œufs

Préchauffez le four à 180 °C (th. 6). Mixez finement les graines de cardamome ainsi que les clous de girofle. Détaillez les écorces d'orange en tout petits dés. Dans un saladier, mélangez la farine, la levure, la poudre d'amandes, le gingembre, la cannelle, les clous de girofle et les graines de cardamome mixés, le sucre et le poivre. Ajoutez-y les dés d'écorce d'orange et l'essence de citron. Incorporez alors le lait, petit à petit, puis les œufs battus, en pétrissant la pâte afin qu'elle soit bien souple et homogène.

Sur le plan de travail fariné, étalez la pâte sur épaisseur de 1 cm environ et découpez dedans des biscuits avec un emporte-pièce rond de 3 à 4 cm de diamètre. Déposez-les sur la plaque du four recouverte de papier sulfurisé, enfournez et laissez cuire pendant 10 à 15 minutes, en surveillant bien la cuisson.

Lorsque votre pâte est homogène, n'hésitez pas à ajouter de la farine si elle est trop collante ou bien du lait si elle est trop solide. Vous pouvez glacer les biscuits une fois refroidis : pour cela, mélangez du sucre glace et un peu d'eau de façon à obtenir une pâte pas trop liquide, que vous étalerez sur les gâteaux.

poivre

petits gâteaux de Lyliane
fourrés à la verveine

Préparation : 40 min
Cuisson : 18 min par fournée

Pour 25 petits gâteaux
5 œufs
150 g de sucre
95 g de farine

Pour la crème au beurre à l'huile d'olive :
5 cl d'huile d'olive
2 cuil. à soupe bombées de feuilles de verveine
1 gousse de vanille
10 cl de lait entier
2 œufs
80 g de sucre en poudre
250 g de beurre mou coupé en morceaux
sucre glace pour saupoudrer

Préparez la crème au beurre. Faites chauffer l'huile dans une casserole ; quand elle frémit, retirez-la du feu, jetez-y la verveine et laissez infuser.

Fendez la gousse de vanille et grattez l'intérieur pour récupérer les graines. Faites bouillir le lait avec la gousse et les graines de vanille. Mettez hors du feu et retirez la gousse. Fouettez les œufs avec le sucre jusqu'à ce que le mélange blanchisse. Incorporez petit à petit le lait vanillé, remettez dans la casserole et faites cuire en remuant jusqu'au premier bouillon. Retirez du feu, fouettez la préparation jusqu'à complet refroidissement et incorporez le beurre. Quand l'huile est froide, mixez-la avec les feuilles de verveine et incorporez-la petit à petit à la crème au beurre en fouettant énergiquement. Réservez au frais.

Cassez les œufs en séparant les jaunes des blancs. Fouettez les jaunes avec 60 g de sucre jusqu'à ce que le mélange blanchisse. Montez les blancs en neige ; quand ils commencent à prendre, ajoutez le reste du sucre en continuant à fouetter, puis mélangez-les délicatement à la préparation précédente. Ajoutez enfin la farine en une seule fois, sans trop travailler la pâte.

Préchauffez le four à 180 °C (th. 6). Dressez des petits boudins de pâte sur la plaque du four recouverte de papier sulfurisé à l'aide d'une poche à douille lisse. Saupoudrez généreusement de sucre glace et enfournez pour 18 minutes. À la sortie du four, laissez les biscuits refroidir avant de garnir la moitié d'entre eux de crème au beurre et de les couvrir avec les autres biscuits afin d'obtenir des sandwichs. Saupoudrez de sucre glace avant de servir.

verveine

gressins sucrés
aux épices douces

Préparation : 15 min
Repos : 2 h
Cuisson : 15 min

Pour une vingtaine de gressins
1 cuil. à café de levure de boulanger
13,5 cl d'eau tiède
1 pincée de sel
30 g de sucre en poudre
230 g de farine
1 cuil. à soupe rase de cannelle
en poudre
1 cuil. à soupe de vanille en poudre
3 cl d'huile d'olive vierge extra
1 filet d'huile d'olive pour badigeonner
2 cuil. à soupe de graines de sésame
1 cuil. à soupe de graines de pavot

Dissolvez la levure dans l'eau tiède. Ajoutez le sel et le sucre, et laissez le mélange reposer pendant 30 minutes. **M**élangez la farine et les épices. Ajoutez l'huile d'olive et la farine épicée au mélange précédent, et pétrissez la pâte jusqu'à ce qu'elle soit homogène. Recouvrez-la d'un torchon propre et laissez-la reposer 45 minutes dans un endroit chaud.

Pétrissez à nouveau la pâte, puis étalez-la sur le plan de travail fariné de façon à former un rectangle. Badigeonnez-le d'huile d'olive, couvrez de fil alimentaire et laissez reposer 45 minutes de plus.

Préchauffez le four à 200 °C (th. 6-7). Répartissez les graines de sésame et de pavot sur la pâte, puis détaillez-la en bandes de 1 cm de large. Disposez celles-ci sur la plaque du four recouverte de papier sulfurisé en les tordant sur elles-mêmes pour former des serpentins.

Enfournez et faites cuire pendant 15 minutes environ. Au terme de la cuisson, sortez les gressins du four et laissez-les refroidir sur une grille.

Retirez les gressins du four dès que leurs extrémités commencent à dorer. N'hésitez pas à enfoncer légèrement les graines dans la pâte afin qu'elles y adhèrent correctement. Vous pouvez également rouler les bandes de pâte dans des graines de cumin ou de fenouil.

pavot

leckerlis

Préparation : 20 min
Cuisson : 15 min

Pour une quarantaine de biscuits
100 g d'écorces d'orange et de citron confites
150 g de noisettes hachées
125 g d'amandes hachées
150 g de sucre en poudre
2 cuil. à café rases de cacao
1 cuil. à soupe de mélange d'épices à pain d'épice
1 cuil. à café de cannelle en poudre
350 g de farine
1 cuil. à café de levure
2 cuil. à soupe de kirsch
2 cuil. à soupe d'eau
350 g de miel

Pour le glaçage :
100 g de sucre glace
½ citron

Détaillez les fruits confits en petits dés. Dans un saladier, mélangez les amandes et les noisettes hachées, le sucre, les dés de fruits confits, le cacao, les épices, la farine et la levure. Ajoutez le kirsch, l'eau et le miel, puis travaillez la pâte jusqu'à ce qu'elle soit homogène.

Préchauffez le four à 200 °C (th. 6-7). Sur le plan de travail fariné, étalez la pâte en plusieurs fois sur une épaisseur de 1 cm. Disposez les morceaux de pâte étalés sur la plaque du four recouverte de papier sulfurisé, enfournez et laissez cuire pendant 15 minutes.

Pendant ce temps, préparez le glaçage en mélangeant le sucre et le jus du citron ; si le glaçage est trop épais, ajoutez un peu d'eau.

Étalez le glaçage à l'aide d'une spatule sur le dessus de la pâte dès la sortie du four, puis détaillez-la en carrés de 3 cm de côté et laissez-les refroidir sur une grille.

Les leckerlis sont des petits biscuits de la ville de Bâle, composés d'épices, de fruits confits et de miel ; ils annoncent la période de Noël. Veillez à bien couper les carrés avant que la pâte ne durcisse trop en refroidissant.

mantecaos

Préparation : 20 min
Cuisson : 15 min

Pour une vingtaine de biscuits : 750 g de farine •
250 g de sucre en poudre • 1 pincée de sel • 1 cuil.
à café de levure • le zeste râpé d'un citron non traité
• 25 cl d'huile d'arachide • cannelle pour saupoudrer

Préchauffez le four à 160 °C (th. 4-5). Dans un
saladier, mélangez la farine, le sucre, le sel, la
levure et le zeste de citron. Ajoutez l'huile d'arachide et mélangez jusqu'à ce que la préparation
forme une boule de pâte, que vous diviserez en
boules de 6 cm de diamètre environ.
Disposez-les sur la plaque du four recouverte
de papier sulfurisé, en veillant à bien les espacer
pour qu'elles ne se chevauchent pas à la cuisson. À l'aide du pouce, pressez le dessus des
biscuits pour former un petit creux et mettez-y
un peu de cannelle.
Enfournez les mantecaos pour 15 minutes
environ, en surveillant bien la cuisson car ils
ne doivent pas se colorer.

Les mantecaos étaient traditionnellement préparés avec du saindoux. Ce dernier a aujour-
d'hui été remplacé par de l'huile d'arachide,
mais vous pouvez bien sûr le conserver. La
cuisson de ces biscuits doit être très douce ;
ils doivent rester bien clairs, et sont cuits dès
qu'ils commencent à se craqueler.

petits pains
d'épice

Préparation : 15 min
Cuisson : de 30 à 35 min

Pour 6 petits pains d'épice : 10 cl de lait chaud •
100 g de beurre • 250 g de miel • 200 g de farine •
50 g de cassonade • ½ sachet de levure • 1 pincée
de sel • 1 cuil. à soupe bombée de mélange d'épices
pour pain d'épice • 1 œuf • beurre pour les moules

Préchauffez le four à 180 °C (th. 6). Faites tiédir le lait, additionné du beurre et du miel, en
remuant. Dans un saladier, mélangez la farine,
la cassonade, la levure, le sel et les épices.
Ajoutez le mélange tiède, et mélangez énergiquement afin d'obtenir une préparation homogène. Incorporez alors l'œuf et mélangez à
nouveau.
Beurrez des petits moules à cake de 10 cm de
longueur. Garnissez-les de pâte aux trois quarts,
enfournez et laissez cuire de 30 à 35 minutes.
À l'issue de la cuisson, laissez les petits pains
d'épice refroidir avant de les démouler.

Préférez un miel relativement fort, comme le
miel de bruyère. Vous pouvez confectionner
votre propre mélange pour pain d'épice, avec
par exemple de la cannelle, des clous de girofle, du gingembre ou de la cardamome, le tout
réduit en poudre. Vous pouvez aussi ajouter
des fruits secs ou des écorces d'orange
confites.

épices

linzer sablés

Préparation : 20 min
Repos : 2 h
Cuisson : 17 min

Pour une quarantaine de sablés
2 œufs
190 g de beurre mou
50 g de sucre glace
35 g de poudre d'amandes
1 pincée de sel
2 cuil. à café de cannelle en poudre
200 g de farine
1 cuil. à café de levure
1 cl (1 petite cuil. à soupe) de rhum brun
200 g de confiture de framboises

Faites chauffer de l'eau dans une casserole, mettez-y les œufs et laissez-les cuire 10 minutes pour qu'ils soient durs. À la fin de la cuisson, passez-les sous l'eau froide pour les écaler facilement, puis séparez les blancs des jaunes et tamisez finement ces derniers.

Travaillez le beurre et le sucre glace pour obtenir un mélange crémeux. Incorporez la poudre d'amandes, le sel, la cannelle, les jaunes d'œuf tamisés, la farine et la levure. Ajoutez le rhum pour finir et continuez à travailler la pâte jusqu'à ce qu'elle soit homogène mais sans trop la malaxer. Enveloppez-la dans du film alimentaire et laissez-la reposer 2 heures au frais.

Préchauffez le four à 180 °C (th. 6). Sur le plan de travail fariné, étalez finement la pâte et découpez dedans des biscuits avec un emporte-pièce cannelé de 3 cm de diamètre. Formez un petit trou dans la moitié d'entre eux à l'aide d'un petit emporte-pièce en forme de cœur ou d'étoile, puis disposez-les tous sur la plaque du four recouverte de papier sulfurisé.

Enfournez et laissez cuire pendant 7 minutes. Au terme de la cuisson, laissez les biscuits refroidir avant de les décoller car ils sont cassants à la sortie du four. Déposez un peu de confiture au centre de chaque biscuit plein et recouvrez-le par un biscuit troué.

La pâte à linzer est très friable, et donc difficile à étaler. Faites-le en plusieurs fois, elle s'assouplira au fur et à mesure que vous la malaxerez. Ne mettez pas trop de confiture au centre des biscuits pour éviter qu'elle ne déborde lorsque vous ajoutez le second sablé.

rhum

snickerdoodles

Préparation : 20 min
Repos : 1 h
Cuisson : de 10 à 12 min

Pour une trentaine de snickerdoodles
110 g de beurre mou
215 g de sucre en poudre
½ cuil. à café de bicarbonate
de sodium
1 œuf
2 cuil. à café d'extrait de vanille
200 g de farine

Pour le sucre à la cannelle :
4 cuil. à soupe de sucre en poudre
½ cuil. à café de cannelle en poudre

Dans un saladier, battez le beurre ramolli et le sucre jusqu'à ce que le mélange blanchisse et devienne mousseux. Tout en continuant de fouetter, ajoutez le bicarbonate, l'œuf et l'extrait de vanille. Ajoutez ensuite la farine et travaillez la pâte jusqu'à ce qu'elle soit homogène et forme une boule. Enveloppez-la dans du film alimentaire et réservez 1 heure au frais.

Préchauffez le four à 160 °C (th. 5-6). Mélangez le sucre et la cannelle dans une assiette creuse. Prélevez des petits morceaux de pâte, façonnez-les en boules de la taille d'une noix et roulez-les dans le sucre à la cannelle. Disposez au fur et à mesure les biscuits sur la plaque du four recouverte de papier sulfurisé, en veillant à bien les espacer afin d'éviter qu'ils ne se chevauchent à la cuisson. **A**platissez-les légèrement avec le pouce, enfournez et faites cuire pendant 10 à 12 minutes. À la sortie du four, laissez refroidir les snickerdoodles sur une grille.

Les biscuits paraissent encore mous au terme de la cuisson, mais ils vont se durcir en refroidissant ; ne prolongez donc pas la cuisson, ils seraient beaucoup trop durs.

vanille

spéculos

Préparation : 15 min
Repos : 12 h
Cuisson : 10 min

Pour une cinquantaine de biscuits
250 g de cassonade
1 cuil. à café de cannelle en poudre
1 cuil. à café de quatre-épices
250 g de beurre mou
1 œuf
350 g de farine
½ sachet de levure
2 pincées de sel

Dans un saladier, mélangez la cassonade, la cannelle et le quatre-épices. Découpez le beurre ramolli en petits morceaux, ajoutez-le au mélange précédent et travaillez la pâte du bout des doigts afin d'obtenir un mélange sableux.

Incorporez l'œuf en mélangeant à l'aide d'une cuillère en bois. Lorsque la pâte est homogène, ajoutez petit à petit la farine, la levure et le sel, puis continuez à travailler la pâte à la cuillère en bois. Formez une boule, enveloppez-la dans du film alimentaire et réservez-la au frais pendant 12 heures.

Préchauffez le four à 200 °C (th. 6-7). Sur le plan de travail fariné, étalez la pâte en plusieurs fois sur une épaisseur de 3 à 4 mm, puis détaillez-la en rectangles de 4 × 2,5 cm environ. Disposez-les sur la plaque du four recouverte de papier sulfurisé, enfournez et laissez cuire 10 minutes. Au terme de la cuisson, sortez les biscuits du four et laissez-les refroidir sur une grille.

Les spéculos sont des biscuits traditionnellement décorés avec des motifs moulés. Si vous possédez des moules à spéculos, utilisez-les pour imprimer les formes choisies sur vos biscuits.

quatre-épices

palets tout doux à la réglisse

Préparation : 15 min
Repos : 1 h
Cuisson : 7 min

Pour une vingtaine de biscuits
60 g de beurre mou
60 g de sucre en poudre
1 œuf entier
80 g de farine
2 cuil. à café de réglisse en poudre

Dans un saladier, mélangez le beurre ramolli et le sucre jusqu'à ce que le mélange blanchisse et devienne crémeux. Incorporez l'œuf, la farine et la réglisse en poudre, puis pétrissez rapidement la pâte afin d'obtenir une boule. Enveloppez-la dans du film alimentaire et laissez-la reposer 1 heure au frais.

Préchauffez le four à 180 °C (th. 6). Sur le plan de travail fariné, étalez la pâte sur une épaisseur de 1 cm et détaillez-la en palets à l'aide d'un emporte-pièce de 5 cm de diamètre environ. Disposez-les sur la plaque du four recouverte de papier sulfurisé, enfournez et laissez cuire pendant 7 minutes. À l'issue de la cuisson, sortez les palets du four et laissez-les refroidir sur une grille.

Lorsque vous mélangez la pâte, veillez à ne pas trop la pétrir afin qu'elle ne devienne pas trop durc.

réglisse

remerciements

Merci à Suyapa pour sa confiance, ainsi qu'à Marion pour sa disponibilité.
Merci à Marie-José et à Jean-François, mes goûteurs préférés, à mes parents, testeurs officiels,
à Simone, pour ses bonnes idées, et à Seb, pour son aide si précieuse.
Merci à tata Marie pour nous avoir fait manger des croquets,
au pâtissier de Saint-Gérand-le-Puy pour son exquise brioche aux pralines,
à Pierrick, à Jeannette, à Thibaut et à Jean-Charles Vaillant pour leurs délicieuses recettes.

Si vous souhaitez recevoir notre catalogue et être
tenu au courant de nos publications, envoyez-nous
vos nom et adresse en citant ce livre et en précisant
les domaines qui vous intéressent.

SOLAR - 12, avenue d'Italie, 75013 Paris
Site Internet : www.solar.fr

Direction : Jean-Louis Hocq
Direction littéraire : Suyapa Granda Bonilla
Secrétaire d'édition : Marion Guillemet-Bigeard
Création graphique et réalisation : Guylaine Moi
Édition : Chloé Chauveau
Fabrication : Laurence Ledru
Photogravure : Articrom

place
des
éditeurs

ISBN : 978-2-263-04863-0
Code éditeur : S04863
1re édition

Dépôt légal : mars 2009
Imprimé et relié en france par IME